西田幾多郎の姪　高橋ふみの生涯と思想

おふみさんに続け！
女性哲学者のフロンティア

浅見洋［著］
石川県西田幾多郎記念哲学館館長

Fumi Takahashi

Kitaro Nishida

ポラーノ出版

凡例（記述にあたって）

①引用文献の多くは戦前に記されたものであり、書簡、日記、語りなどは、多くの場合、誤記や方言を含んでいます。そのため、最近の読者にとって分りにくいと思われる記述は、内容を損なわない範囲で適宜変更しました。
②人名は原則的には戸籍名に従いました。例えば、従来は史料では高橋文、隅、民子、手紙では文子、隅子、民という記載が見られますが、本書では戸籍に従って原則的に高橋ふみ、すみ、民子と記しています。ただし、引用文の場合は原文の表記のままに記したので、人名表記には不統一な部分が存在します。戸籍名が確認できない女性の氏名、例えば安井てつ、菅志那子は「てつ、哲、てつ子」、「志那子、志那、しな」など、いくつかの異なった表記が見られますが、原則的には最も頻出度の高いと思われる表記を採用しました。
③歴史上の人物は敬称を略し、その他の方々は原則的に初出の場合のみ敬称を記させていただきました。
④地名についても引用文を除いて、原則的に現在最も多く使用されていると思われるカタカナ表記を使用しました。例えば、フライブルグはフライブルク、伯林はベルリンと記しています。
⑤引用文中の旧字体は原則的に新字体で統一し、旧仮名遣いも現代仮名遣いに変えて表記しました。ただし、短歌や漢詩の書きくだし文などは旧来の仮名遣いを残し、手紙文など、原文に句読点がない場合は、適宜句読点を補っています。
⑥最近の読者に読みにくいと思われる漢字には、できるだけルビを振りましたが、原則的には初出のみにとどめています。
⑦参考・引用文献、資料等は、各章ごと、及び巻末に記しました。
⑧上記の ①、②、④、⑤によって、本文中の表記が原文と一致しない場合があります。そのため、学術論文執筆の際に本書から孫引き引用する場合は、その点にご留意ください。

フライブルク Freiburg im Breisgau

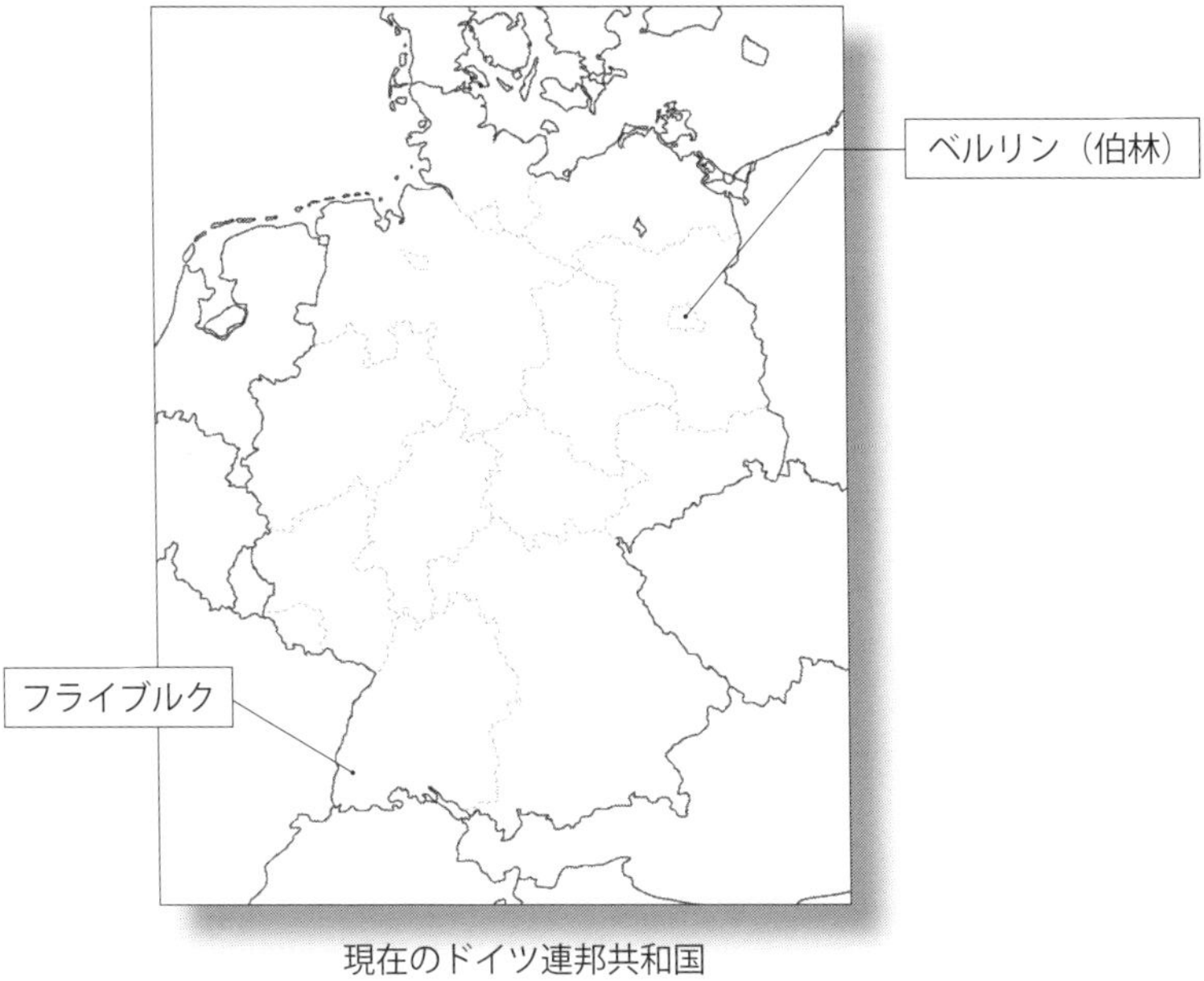

現在のドイツ連邦共和国

東京女子大学時代のふみ（右）と生涯の友・磯部貞子。大正12年初秋、関東大震災の後

伯父の日本を代表する哲学者・西田幾多郎

ドイツ留学出発前（一九三六年、三十四歳）

東北帝国大学時代

東北帝国大学哲学会主催の留学前の送別会

渡欧の船中（上）

ベルリン・フンボルト大学 Humboldt-Universität zu Berlin

ポンペイにて

フライブルクの書斎

フライブルク大学正面。「真理はあなた方を自由にします」の文字が見える

ギュンタルスタールのキッフェルゼン通りに今も残るふみの下宿先。70 年前とほぼ同じ姿をとどめる

フライブルク・ギュンタルスタールの下宿の夫人と近くの野原で

郷里・木津の自宅で療養中のふみと母すみ

はじめに

「おふみさんに続け！」は、一九二六（大正十五）年四月、東京女子大学から最初に旧制帝国大学に入学した高橋ふみを目標に、戦前に帝大進学を目指した東京女子大学生の合言葉でした。ふみの入学した東北帝国大学は、当時の学制では専門学校扱いであった女子大学の学生が進学可能な国内唯一の大学でした。

帝大卒業の八年後、ふみは哲学研究者を志望し、三十五歳でドイツに留学し、ベルリン大学、フライブルク大学で研究生活を送りました。しかし、彼女の志《こころざし》は第二次世界大戦と病魔によって三年半で途絶えてしまいました。

最後の引き揚げ船で帰国した後も、病をおして哲学（フィロソフィア＝愛智）研究者のキャリアを求めて果敢に生きますが、終戦目前の一九四五（昭和二十）年六月二十一日、四十三歳の若さで世を去りました。

女子に学問は不要と言われた時代に哲学を専門的に学ぼうとした志、男性社会そのものであった学界で女性研究者としてのキャリアを求めたがゆえの苦闘と悲哀の生涯、本書の目的はそうした高橋ふみの人生と思想を紹介することです。

ふみの生誕地から二キロほど能登半島寄りに、私が十七年間哲学の教師として働いた石川県立看護大学があります。その三階の研究室からは、在《あ》りし日のふみも眺めたであろう能登の最高峰・宝達山《ほうだつさん》が正面に見え、朝には通学する女子学生、女性教員たちの姿があります。石川県下で最初の女性大学生となり、ひたすらに女性哲学研究者の道を目指したふみは、こうした女性たちの学究の道を切り拓いたフロンティアの一人です。

そのことを想うと、大学（短大を含む）進学率が五割を超え、女性の大学教員比率が一五パーセントに近づきつつある今日はまさに隔世《かくせい》の感があります。反面、日本の二〇一三年度の世界経済フォーラムの「国際男女格差レポート」では日本の女性の社会進出率は一四四カ国中の一〇五位にすぎません。女性哲学研究者としては道半《みちなか》ばで逝《い》ったふみの故郷で、哲学の教員として女子大生や女性研究者とともに十七年の歳月を重ねることができたことを、四半世紀以上も前のふみとの偶然の出会いから生まれた幸運な機縁だと受け止めています。

ふみの最初の伝記『未完の女性哲学者　高橋ふみ』（石川県七塚町発行）を刊行したのは一九九七（平成九）年のクリスマスでした。その拙著を謹呈した後、たくさんの方々から心のこもった手紙を頂戴しました。

「不見識にも高橋ふみという女性哲学者の存在を知りませんでした。……戦前のあの時代状況に新しい茨の道を切り拓いたその生きざまにも興味が尽きません。熱い共感の想いでいっぱいです。いただいて一日、他のことは投げ出して読ませていただきました」と書いて下さったのは、現代フェミニズムを代表する倫理学者のお一人、横浜国立大学名誉教授の金井淑子《よしこ》氏です。また、元北海道大学長・国際基督教大学長で哲学者・キリスト教思想家の中川秀恭《ひでやす》氏は「よくここまでお調べになられたものと敬服いたしました。本書を通じて高橋女史の人となり、研究態度、活躍のさまがあざやかに眼前に浮かんできます。女史に直接お会いしたことはありませんが、令名はつとに高く、東京女子大学から東北帝国大学に進学した方の中では一際《ひときわ》光彩を放っておられました」と認《したた》めて下さいました。

「この知られざる先駆女性学者の人となり及び業績について目を開かれました」と寄せて下さったのは、ふみが国語教師として勤めた自由学園の園長で、国際的なジャーナリストでもあった羽仁堯《ぎょう》氏。また、自由学園時代の教え子で平塚らいてふ、伊藤野枝《のえ》のすぐれた伝記を遺《のこ》された井出文子氏は「あのような先達をもったことを今活動している若い女性の学者に知ってもらいたいと願っております」と記して下さいました。これらの人々はこぞって、ふみを先駆者、先達、道を切り拓いた女性と書いておられます。高村光太郎が「僕の後ろに道はできる」と記したように、フロンティアが歩む道はまさに茨の道で、それを切り拓くことには多くの苦難と犠牲が伴います。

男性中心の学界の中で女性哲学研究者として生きていくために、当時の世間的な意味での女性の幸せを振り払って、「女だてら」「男のように」と揶揄《やゆ》されながら、ふみは知を求めつつ生きる新しい女性の道を切り拓こうとしました。

ふみと出会い、紹介できる機会を得たことは、これまでの私の人生の中での最も大きな幸運の一つです。そして、人生の節目に立って、もう一度ふみの足跡を辿《たど》ろうとするのは、単なるノスタルジアではありません。ふみから教えられ、受け継ぎたいと思ってきたものを再確認するためです。教えられたことの一つは、哲学（フィロソフィア＝愛智）とは「哲学する（知を愛する）」ことであり、思索しながら生きるという人生の在り方です。今一つは、教育者としての基本的な資質は「フィロソフィアの精神」を持ち続けることだということです。教育に携《たずさ》わる時間はそれほど多く残されていませんが、これ以降の人生を「フィロソフィアの精神」を大切にしながら過ごしたいと思います。

四十年間、ふみの故郷にある看護大学、工業高専の哲学教員として生かされてきました。拙著が、学ぼうと心から願う学生と、研究者として歩んでいる教員、特に知を愛する女性たちへのエールになれば、望外の喜びです。

二〇一七年、大学退職の春に記す　　　　浅見　洋

序――高橋ふみ　女性哲学者のフロンティア

1　おふみさんに続け！

一九二五（大正十四）年三月二十五日、東京女子大学の第二回卒業式が行われました。第二代学長・安井てつ(1)（一八七〇―一九四五）の訓辞に応《こた》えて大学部卒業生十一名の総代・高橋ふみは、答辞の中で次のように述べています。

今や我らは朧《おぼろ》げなりといえども現代社会に於《お》ける自己の立場とその使命を自覚し、入学以来薫陶《くんとう》せられたる高遠なる理想を抱懐《ほうかい》して実社会に門出せんとす。将来末長き人生の航路において困難なる幾多の障礙《しょうげ》（さまたげ）に遭遇することあらん時、理想の光に照らされ知識の輝きに導かれて、善美なるものへの追究を怠る事なからん……。

（『東京女子大学創立十五周年回想録』）

最近の大学卒業生レベルでは読むのに窮《きゅう》するほど格調が高いこの答辞は、卒業後のふみの人生を暗示しているかのようです。ただし、「高遠なる理想を抱懐して実社会に門出せんとす」という言葉とは異なって、彼女は卒業後直ちに実社会には出ませんでした。一年間の空白期間をおいて、翌一九二六年四月、東京女子大学（当時は専門学校扱い）の卒業生として最初の女性帝国大学生となり、三年後には最初の学士となりました。これ以後、ふみはさらに学問を続けるために大学へ進学しようとする東京女子大学の後輩たちの目標となりました。そうした学生たちの合言葉が「おふみさんに続け！」です。

女子大卒業と帝大進学の一年の空白期間中に、ふみには一つの縁談話がありました（それについては後で書くことにしましょう）。「女子に学問は不要」という社会風潮の中でふみが歩んだ帝大進学という道、特に哲学を学ぶという選択は、例外中の例外と言ってよいだけではなく、通常の女性の幸福と考えられる生き方を断念ないしは先送りにすることでした。母すみが女子大時代にもってきた結婚話に対しても、「女は結婚しても苦労するし、勉強を続けるのもそれ以上にきびしい。同じ苦労をするなら勉強を続けたい」と話したといいます。空白の一年、それはいかに学問への情熱に溢《あふ》れ、強い志と精神力をもっていたふみであろうとも、女性哲学研究者という誰も歩んだことのない未到の道に踏み出すためには、決断の期間が必要だったことを物語っているように思います。

東北帝国大学理科大学が女性に門戸を開放したのは一九一三（大正二）年度のことです。その年は三人の女子学生が入学し、わが国最初の女性帝国大学生が誕生しました。彼女たちはパイオニアの精神に満ち満ちていましたが、それ以降一九二二（大正十一）年度まで女子学生の入学者はまったく途絶えてしまいます。東北帝大に毎年二～三人の入学者が見られるようになったのは一九二三年に東北帝大に法文学部が創設されて以降です。ふみは一九二六（大正十五）年四月十五日、法文学部の第三回入学生として入学しています。東北大学資料館に残されている東京女子大学からの「入学調書」には、「性格：淡白、品行：良、向学心に富み、勤勉」と記されています。

一九二九（昭和四）年の法文学部哲学専攻の卒業生は全部で五名、女性はふみだけでした。学士の学位を得た後、宮城女子師範学校、東京の自由学園などで教師として働きながら、哲学研究に邁進《まいしん》しました。

2　哲学研究者としてのキャリアを求めて

一九三三（昭和八）年に刊行された『岩波講座教育科学第十八冊』（岩波書店）の最後に、「女子高等教育の問題シンポジウム(2)」が掲載されています。このシンポジウムが、いつ、どこで開催されたのかは定かでありません。提題者は松本亦太郎《またたろう》(3)（心理学者）、藤田たき(4)（婦人運動家、教育者）の二人、シンポジストは河井道子(5)、高橋ふみ、大島正徳、菅支那子《かんしなこ》(6)、槇山榮次《まきやまえいじ》です。

　女性の参加者中、たき、ふみ、支那子はいずれも三十代で、当時の女性としては最高レベルの教育を受け、将来の女子高等教育を担う存在として嘱望《しょくぼう》されていました。その期待に違《たが》わず、たき（津田塾大学長・大学婦人協会長）と支那子（日本女子大学教授・大学婦人協会長）は戦後の女子高等教育をリードし、女性研究者・教育者としてのキャリアを積み、教育研究者として日本の現代女性史に名を残しています。しかし、最も年少であったにもかかわらず、ただ一人終戦前に逝ったふみは、女性研究者としてのキャリアを十分に築き上げることができませんでした。それが、私が前著に『未完の女性哲学者　高橋ふみ』という表題をつけた理由です。

　ふみのシンポジウムでの発言は、ふみらしい飾り気のない物言《ものい》いで始まっています。

美しい袖《そで》をひらひらさせながら教室に入ってくる専門学校の生徒、あるいは新流行の洋服を着こんで散歩している女子大学の学生たちを見るたびに私は「一体この人達は何のために学校に来ているのであろうか」と考える、而《しこう》して私はついに女子高等教育に対する深き疑惑と矛盾とに衝《つ》き当たらざるを得ないのである。

次いで、提題者の松本亦太郎が、高等教育を受けた専門学校の女子学生たちが卒業後に「学的向上心において冬眠状態に陥っている」、つまり学問的な情熱や学んだ専門的知識を社会で活《い》かそうとする意欲を失ってしまっている、という趣旨の発言をしたのに対して、ふみは学的意欲の喪失原因に言及しています。当時、女子高等教育がうまく機能しない原因を「女子は男子よりも知識欲がない」ことに帰すような主張が多く見られました。それに対して「少なくとも高等教育を目指してくる女子の大部分は、男子のそれに比して優るとも劣ることのない知識欲を持っている事は事実である」と述べた後、その原因が当時の女性たちが置かれていた社会的・家庭的な状況にあることを指摘しています。

現代日本の社会においては、女子の個性に応じた専門的な仕事が原則的に家庭生活と一致並行する事が至難《しなん》であるという社会生活、家庭生活の欠陥に基づくのである。結婚生活は女子にとって最も幸福なる生活であり、また運命的でもある、然《しか》るに女子が結婚を前提する限り、結婚の他に生涯を賭《と》して成就せんとするごとき仕事に携《たずさわ》る事は思いもよらない、勢《いきお》い女子高等教育が専門を標榜《ひょうぼう》しながら、しかも実に他愛《たわい》のないものとならざるを得ない所以《ゆえん》である。……一時自由主義や女性解放運動に刺激されて立ち上がっては見たものの、現実の地に足をつけて見れば現代において女子が女子として生きようと思えば大学聴講だの入学だのということは実に夢の夢に過ぎないことを覚《さと》ったからに他ならぬ。

……人類の理想は最も高き人格の完成とよき社会の実現に在り、而してかかる人格と社会とは各自が各自の仕事に精進《しょうじん》し、かつその仕事を通じたる社会的訓練とをあわせ有する事による他はないであろう。普通人にとって個体から普遍への道は文化に参与する仕事によってのみ拓かれるのではないだろうか。然るに理想の実現を目指す教育が女子においてのみその意味を失うとすれば、女子は永遠に教育の圏内から除外されるという事になるであろう。

女子高等教育の進展を阻《はば》んでいるものは、女性にとって為すべき役割が、結婚し家庭を守ることであるという伝統的な女性観であり、高等教育で学んだ専門的な知識を活かすことができるような仕事に就くことの難しさ、家庭と仕事を両立させることが困難であるという社会的・家庭的問題だというのです。それらは現代でも日本社会で女性たちが直面している社会的問題ですが、ふみが生きた時代には乗り越えることが非常に難しい、高い社会的障壁《しょうへき》でした。しかし、教育現場にあったふみは、伝統的な価値観や社会の現実に責任を転嫁しても根本的な解決にならないと考え、教育者の立場から可能な解決策を提案しています。

まず、女子教育に携わる教育者は「時代に適合する人間を養成するのではなく、時代を創造するごとき人間を養成することを目標とすべきである。時代に迎合しかつ後から追随してゆくような主張のない妥協的な教育者の態度がまず改善されなければならぬ」と述べています。ふみは女子の高等教育に携わる教育者に男尊女卑的な伝統的価値観に迎合する良妻賢母型の教育ではなく、将来、学んだ専門性を活かして新たな社会と文化を創造する人材を養成するような教育者の姿勢を求めたのです。そのため、教育者がもつべき第一の方針として、以下のように付け加えています。

女子高等教育に携る者は正しき認識の上に正しき専門教育を施し、もって生徒をして自己の専門の人類文化における位置と価値とを自覚せしめ、かつそれによって人類の一員として文化に参与し得る権利と義務とを獲得する事を認識せしめ、かつまた人はそれによってのみ人格の向上とよりよき社会の実現を来らしむる事ができるという信念と、自己の仕事への絶えざる精進の精神とを養成する事をもって第一の方針とせねばならぬ。次代における女性が女性としてしての人間性を高揚せしめよき社会人として文化に貢献し得るには、かかる意味における仕事を戦い取ってゆくより他にはないと思う。

真の女子高等教育は、女性の人格を向上させると同時に、それによって獲得した専門性をもって仕事に従事することでよりよき社会を実現することができるという信念、それに向かって絶えず努力する精神を養成することを、その第一方針とすべきだというのです。さらにふみは、そうした人間性を高め、文化に貢献するような仕事を戦い取ってゆかねばならないと強調しています。ふみが女子高等教育に求めたのは、女性がキャリアを積む基盤である真の知識を得る場であって欲しいということなのでしょう。

第二に教員人事の問題について言及しています。提案で藤田たきは教師の人格の向上「すなわち本来の教師、人の師表《しひょう》（人の模範となること。また、そういう人）として恥しからぬ教師の奉仕的、献身的努力」を期待し、「教師の最も基本的な資格は専門的知識より高潔なる人格である」と提案しています。それに対して、ふみは「しかしこのような人格高き教師が多く求められるとも思えない」と述べた上で、「私はむしろ教師たる者は教えなければならぬ以上その第一資格はやはり専門的知識に置くべきではないかと思う」と述べ、教師に最も必要なのは人格的高潔さより、むしろ専門的知識だと強調しています。高等教育の教師とはまず専門的知識に長《た》けた教育者であると同時に、専門的知識を自ら探究する研究者であるべきだというのです。

そして「その知識に対してエロス、あるいはフィロソフィア（愛智）の精神のもはや消え失せた教師は絶対に教師としての資格がないという事である」と付け加えています。ここで教師の基本的資格としてふみが語るエロス（Ἔρως）というギリシア語は、ふみが東京女子大の卒論で取り上げたプラトンにおいては哲学的精神である「真理への愛」のことです。フィロソフィア（φιλοσοφία）は哲学と訳されるギリシア語であり、その原義は知を愛すること（＝愛智）です。すなわち、ふみは高等教育の教師には真理への愛＝愛智という哲学的精神が不可欠だと主張しているのです。

この教師のエロス、フィロソフィアの精神とは「何を知っているかというよりも、むしろいかに知らんとしているか」であり、そうした精神が学ぶ者たちに「深い感銘を与え、敬虔《けいけん》の念をすら抱かしむるものである」とも述べています。ドイツの哲学者I・カントは「哲学とは学ぶことではなく、哲学する（philosophieren）ことである」と記していますが、そうした哲学する＝知を愛し求める教育者の姿勢が、学生を教育的に感化するというのです。ふみにとって学問をすることも、教育をすることも、いずれも「知を愛すること＝哲学すること」に他ならなかったのです。

次に、女子教育に携わる男性教師においては「最もよい意味のフェミニストである事が必要である」と述べ、さらに「伝統的にしか過ぎぬ理由なき女子蔑視の観念を持ちながら、いかにして女子の学的向上心を高め、その課《か》せられたる新しき道を切り拓いてゆくだけの強い文化に対する責任の精神を養成する事が出来るであろうか」と語っています。女子高等教育に関わる男性教師には、伝統的な男尊女卑的で、女性差別的な考え方からの脱却が必要なのです。

最後にふみはシンポジウムの発題を「この欠陥を補《おぎな》うためにも私は篤学《とくがく》にして真に女性の学的向上心を刺激するごとき女教師の出現を望んで止まぬ次第である」と結んでいます。つまり、ふみは現今の女子高等教育において、真に専門的知識への哲学的な希求をもった女性教師が必要だと考えています。それはとりもなおさず、自《みず》からそうした女性研究者・教育者としてのキャリアを積んでいこうとする、彼女自身の決意表明だと解することができるのではないかと思います。

3　スピノザ研究——運命として背負ったもの

「女子高等教育の問題シンポジウム」刊行の翌年一九三四年十一月、東北帝国大学文学会編集の研究雑誌『文化』（岩波書店）第一巻五号に、高橋ふみ「スピノザに於ける個物の認識に就いて」が掲載されています。[7] この論文はふみの東北帝大の卒業論文を改稿したものと推測され、日本の学術雑誌に掲載された女性の手になる初めての哲学論文と考えられます。

スピノザ（Baruch De Spinoza, 1632-1677）は「神とは自然であり、万物に存在する」とする汎神論的世界観を説いたオランダのユダヤ人哲学者です。ドイツ・ロマン派の哲学詩人ノヴァーリス（Novalis, 1772-1801）が「神に酔える人（Gott-trunkener Mensch）」と呼んだように、通常の哲学史的理解では、スピノザ哲学の究極目的は「神の認識にある」と考えられています。しかし、ふみはこの論文でスピノザのテキスト（『エチカ』第五部定理三六）に基づきながら、スピノザの個物の認識を神の認識との関係で論じ、個物の認識、すなわち人間の認識（思惟）の可能性と限界を考察しようとしています。

通常、個物（個人）とは普遍者や一般者に対する個体であり、変化し生滅する時間的存在であり、有限なものであると解されます。対して、ふみはこの論文において、個物を個別性・時間性・有限性と普遍性・永遠性・無限性の統一体として捉えています。また、個物の認識は神の「知的愛」に基礎づけられて成立する有限な認識であるという結論は、スピノザ解釈としては哲学史的に斬新という程ではありませんが、そうした解釈を導く思考と論述の過程に、彼女の研究の精密さと深さ、優れた語学力と豊富な哲学的知識を垣間見ることができます。

この論文の結論部には「個物の認識とは……、その限定されたことを、その運命を知ることに尽きる」と述べた上で、「その運命を知ることによって運命を超越し了《おわ》ることはできない。かえってその運命を知ることによって、運命と生きんとすることなのである」と記されています。つまり、個物の認識とは、個々が自己の運命を知り、その運命をここに与えられたもの（Gabe）、課題（Aufgabe）として生きるということだと解されています。

スピノザはユダヤ人でありながらユダヤ教会から破門され、しかも当時のヨーロッパ社会で支配的であったキリスト教からも距離を置いて、レンズ磨きを生業《せいぎょう》としながら思索を続けた孤高の哲学者です。日本の男尊女卑の時代風潮の中に身を置きながら、普遍的な哲学的知の探究者として生きようとするふみの姿はスピノザに重なって見えます。近代ヨーロッパ社会において「ユダヤ人という運命を生きんとする事」と封建的な風潮が残る当時の日本社会において「知を求める女性として生きんとする事」は同じではありませんが、運命的に背負わされた差別の被主体として、マイノリティーとして哲学的な思索に専心しようとした点では同じです。それゆえ、「スピノザに於ける個物の認識に就いて」という研究論文には、スピノザ解釈を通してふみの自己探求が透けて見えるような気がします。

4　知識的に磨かれること

一九三六（昭和十一）年一月八日、正月明けに、ふみはラジオで「女子教育における知識の問題について」と題して講演しています(8)。

当時は良妻賢母を育成するために、労作《ろうさく》教育への関心が高まっていました。戦時体制への準備として、国家主義的に有用な人間育成が強化されつつあったからです。特に、高等女学校で労作教科の充実が計られていました。対して、この講演でふみはかなり大胆に、女子教育における労作教育重視の傾向を真っ向から批判し、知育の重視と教養学科の充実を主張しています。そこには彼女の基本的な教育観、人生観がよく表われています。

講演は「現代の反動的時代の潮流とあいまってなおさらに知育が薄くされ、疎《うと》んぜられる傾向にありはしないか」という呼びかけで始まります。ふみは日本の国家主義への方向をあからさまに反動的時代と呼び、知育軽視の傾向を教育における反動的時代の潮流として語ったのです。それを当時の情報伝達の最大の公器であるラジオで堂々と語る彼女の大胆さと勇気には、あらためて驚かされます。

当時の高等女学校の教科書は男子の中学校と比べて程度が低く、通常の教科に加えて料理、裁縫、家事、作法の時間がすでに相当多く存在していました。それらをさらに増やすのでは「知育の低下」をきたし、将来の文化創造の担《にな》い手となる女性が育たない、とふみは主張しました。女子教育における知育を軽視し、女性を文化創造者とみなさない傾向は「女子は家庭にあって家事のみを司《つかさど》る者」という「封建時代的な考え方」に由来し、その根底には女性の人格を男性と同等にみなさない偏見があるというのは、晩年までふみが持ち続けた終始一貫した主張です。

吾々はより聡明なる婦人を、より叡知的《えいちてき》なる女性を、而して全人格として高い女性を求める限り、直ちにこれを肯定することは出来ないのであります。まして、もし長い間の封建時代の習性からきているとしたら、一日も早くここを是正する必要がありましょう。……知識は女性の将来の天性を害《そこな》うものではなく、かえって豊かにし深くするものであることは例をあぐるにいとまないほどであります。欠くる所なき女性は知識的に磨かれることによって、一層その輝きを加へるということが出来ましょう。

「知識的に磨かれること」、それが女性の人格を高め、真の女性解放に通じるという確信が彼女にはありました。右の文章はそうした理解の表明であると同時に、彼女の生きざまの基本姿勢を示すものでした。

知識とは何か。「一般に実際生活に役立つ限りの知識」、つまり技術的、実用的知識が求められ、そうした知識にのみ価値を置く人は、役に立つことをもって教育の本義と考えます。それも大切なことです。しかし、教育の目的は単に人間が役立つことにあるのではなく、したがって知識もまたただ役に立つことに尽きません。彼女にとって「真の知識は人の心の糧《かて》となり、人格の基に加わるもの」であり、文化創造の源泉です。こうした彼女の知識や教育に対する理解は、実用主義・業績主義にがんじがらめになっている現代の学問や教育に対する警鐘とはなりえないでしょうか。真の知識が単に実用的なものにとどまらず、「心の糧」であり、人格を形成するものであることを、ふみの言葉とともに、私たちは今一度思い起こす必要があるのではないでしょうか。

講演は次のような言葉で締めくくられています。

以上のような見地から現代の女子教育における知育の問題を考える時、それがどのような意味をもつべきかが自ら理解されると思います。滔々《とうとう》たる知識軽視の風潮は、形式的な死せる知識のみの軽視に止めたいものであります。知育偏重の弊《へい》といわれるものは、むしろ知育の方法の誤にあるのでありまして、知育そのものに弊害があるとは考えられぬのであります。したがって今後女子教育における知育の問題は、知的学課を減じて労作学課を殖《ふ》やすというふうな消極的な問題ではなくて、いかにして、豊かな、本格的な知育をなすべきであるか、いかにして労作教育をこれに付加して未来を負う心身共に健《すこや》かな女性たらしめることが出来るかという、ひとえに方法と態度との問題であると思うのであります。

真の知育こそが求められています。真の知識こそが人々の健全な人格を育てるのであり、差別から人々を解放するのです。青年層の諸問題、特に自律心の欠如を嘆く人々は、知育教育偏重の教育のせいにしがちです。しかし、ふみならば、そうした問題の元凶は真の知育が不在であることにある、と語るでしょう。

この講演内容は当時の女子教育への批判にとどまらず、彼女が六年間勤めた自由学園の「生活合理化運動」への批判をも含んでいると思われます。自由学園を支える「友の会」は生活の合理化を目指して、当時も今も盛んな活動を展開してきました。生活のなかに知的な反省が加えられ、実践されていくという意味で、この運動は豊かな可能性を秘めていました。しかし、ふみが求めたものは単なる生活の合理化ではなくて、生活の基盤となっているものを捉え、あらたな生活を創造することだったと思います。

この講演から二カ月後、ふみは哲学の専門知識をより深めるために、自由学園を辞し、ドイツ留学へと旅立ちました。彼女が安定した教師の職をいったん捨てて、海外留学をするきっかけになったことの一つは、女子大学の恩師だった安井てつ、そしてシンポジウムで対談した藤田たきや菅支那子がいずれもアメリカで学び高等教育の教師としてキャリアをもち始めていたからでしょう。特に、菅支那子は日本女子大学卒業後、アメリカのエール大学に学び、一九二七（昭和二）年に日本女性で最初に博士号（Ph.D）をとり、母校日本女子大学の教授になっています。この頃から日本の女子高等教育に現れ始めた女性教育者たちの多くは、アメリカ、イギリス等に大学留学した女性たちですが、ふみの留学先は東北帝大の恩師をはじめ、日本の哲学研究者の大半が留学先としたドイツでした。

小学校の頃のふみが、「たあ（私）は木津の小学校から尾山（金沢）の学校へ行き、東京の学校へ行き、それから外国の学校に行く……」と語ったという逸話が残っていますが、ふみの生涯はひたすら学び、研究し、哲学研究者・教育者としてのキャリアを求めた人生でした。ここでは海外留学へとふみを突き動かしたものを簡単に紹介しました。

それではこれから本題に入って、ふみのそこまでに至る経過とそれからの歩みを少し詳しく辿って行くことにしましょう。

（1）安井てつ（一八七〇―一九四五）は、東京出身の教育者。東京女子師範学校を卒業し、母校の附属小学校訓導、岩手県尋常師範学校訓導などを歴任。一八九六年文部省留学生としてイギリスに留学し、ケンブリッジ、オックスフォード大学で教育学と心理学などを修めた。帰国後、女子高等師範学校教授、バンコク皇后女学校教育主任を経てウェールズ大学に再留学。キリスト教主義女子大学設立計画に際し、新渡戸稲造に要請されて東京女子大学設置理事に就任し、一九二三年新渡戸の後を継いで二代目学長に就任。ふみのよき理解者であり、ふみは生涯にわたって師と仰いだ。

（2）このシンポジウムは提案者：松本亦太郎、藤田たき、シンポジスト：河井道子、高橋ふみ、大島正徳、菅支那子、槇山榮次。「女子高等教育の問題シンポジウム」は『岩波講座　教育科学』第一八巻所収。高橋ふみの発題は「提案」を受ける形で三四―三九頁に収録されている。提案者、シンポジストの女性たちはいずれも当時の女子高等教育を受け、教育者、研究者として活躍し始めていた。また、この『岩波講座　教育科学』第一八巻には、ふみの伯父西田幾多郎の「哲学と教育」という論文が収録されている。付録1参照。

（3）松本亦太郎（一八六五―一九四三）は高崎出身の心理学者。帝大卒業後、アメリカのエール大学、ドイツのライプチヒ大学に留学。京都帝大、東京帝大教授として、両大学に日本最初の心理学実験室をつくった。同志社女子大学の創設にも関わっている。

（4）藤田たき（一八九八―一九九三）は名古屋市出身の教育者。一九二〇年に女子英学塾を卒業し、米国のブリンマー大学に留学。帰国後、母校の教壇に立ちながら婦人問題について研究した。一九二八年汎太平洋婦人会議に市川房枝とともに日本代表として参加、婦人参政権運動や婦人問題研究所創設に関わった。戦後、大学婦人協会会長・婦人問題審議会会長に就任、一九五一年から四年間、労働省婦人少年局長。日本における女子大学創設に尽力し、一九六一年に女子英学塾の後身である津田塾大学学長に就任。国連婦人の地位委員会長を務めるなど、国際的に女性の地位向上に尽くした。

（5）河井道子（一八七七―一九五三）は宇治山田市（現伊勢市）出身の女性教育者。元日本ＹＭＣＡ同盟総幹事、恵泉女学園の創立者。第二次世界大戦中も平和主義を掲げて活動し、戦後、昭和天皇への戦争犯罪訴追が回避された動きにも関わる。他の文献で河井道と表記されることが多い。

（6）菅支那子（一八九九―一九八二）は兵庫県出身の女性哲学者、婦人運動家。日本女子大学を卒業後、米国のドクリフ女子大学、エール大学大学院に学び、一九二七年に哲学研究でPhDを取得した。昭和三年母校日本女子大学教授。戦後、婦人国際平和自由連盟日本支部会長、大学婦人協会長などを歴任。旧姓は井上。著作に『哲人群像』『出会いの論理』などがある。

他の文献では菅支那と表記されている場合もある。支那子は、二〇一五年放映のＮＨＫ連続テレビ小説『あさが来た』で、主人公の広岡浅子（白岡あさ）を尊敬し、日本女子大の第一回入学生になった女学生井上秀（ひで）（ドラマでは田村宜（のぶ））の長女で、夫は西田幾多郎に師事した神学者菅圓吉（かんえんきち）である。

（7）東北帝国大学文学会編集『文化』に掲載されたこの論文は、日本人女性の手になる最初の哲学論文と推測される。

（8）ラジオ講演「女子教育における知識の問題について」は、一九三六年一月六日に放送された。本書で付録2として収録したものは、同年三月『東京女子大学同窓会月報』に同題名で掲載された文章を、仮名遣い等を改めて転載したものであり、『高橋文の「フライブルク通信」』にも収録済み。

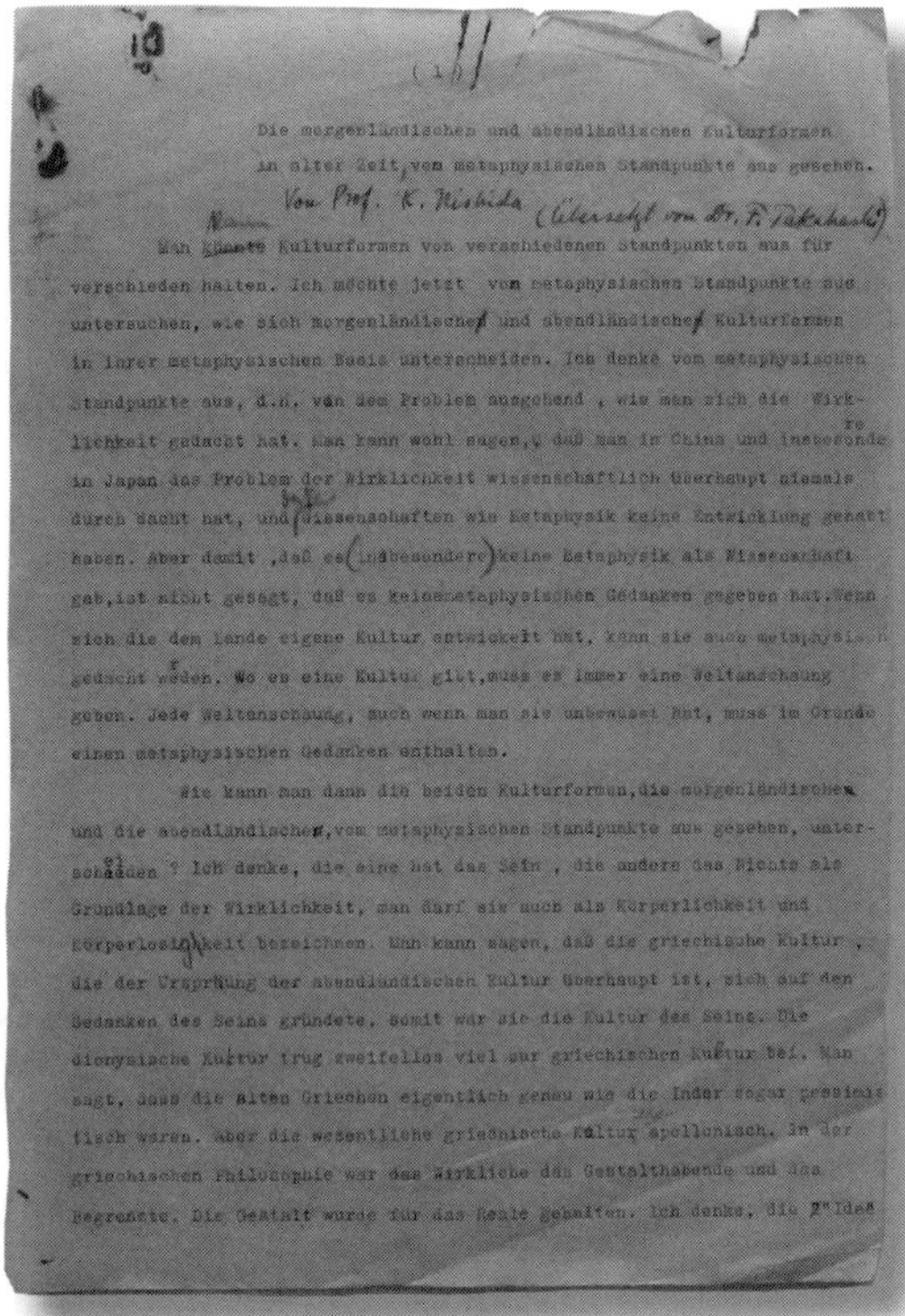

(1)

Die morgenländischen und abendländischen Kulturformen
in alter Zeit, vom metaphysischen Standpunkte aus gesehen.

Von Prof. K. Nishida (Übersetzt von Dr. F. Takahashi)

Man könnte Kulturformen von verschiedenen Standpunkten aus für verschieden halten. Ich möchte jetzt vom metaphysischen Standpunkte aus untersuchen, wie sich morgenländische und abendländische Kulturformen in ihrer metaphysischen Basis unterscheiden. Ich denke vom metaphysischen Standpunkte aus, d.h. von dem Problem ausgehend, wie man sich die Wirklichkeit gedacht hat. Man kann wohl sagen, daß man in China und insbesondere in Japan das Problem der Wirklichkeit wissenschaftlich überhaupt niemals durch dacht hat, und Wissenschaften wie Metaphysik keine Entwicklung gehabt haben. Aber damit, daß es (insbesondere) keine Metaphysik als Wissenschaft gab, ist nicht gesagt, daß es keine metaphysischen Gedanken gegeben hat. Wenn sich die dem Lande eigene Kultur entwickelt hat, kann sie auch metaphysisch gedacht werden. Wo es eine Kultur gibt, muss es immer eine Weltanschauung geben. Jede Weltanschauung, auch wenn man sie unbewusst hat, muss im Grunde einen metaphysischen Gedanken enthalten.

Wie kann man dann die beiden Kulturformen, die morgenländische und die abendländische, vom metaphysischen Standpunkte aus gesehen, unterscheiden? Ich denke, die eine hat das Sein, die andere das Nichts als Grundlage der Wirklichkeit, man darf sie auch als Körperlichkeit und Körperlosigkeit bezeichnen. Man kann sagen, daß die griechische Kultur, die der Ursprung der abendländischen Kultur überhaupt ist, sich auf den Gedanken des Seins gründete, somit war sie die Kultur des Seins. Die dionysische Kultur trug zweifellos viel zur griechischen Kultur bei. Man sagt, dass die alten Griechen eigentlich genau wie die Inder sogar pessimistisch waren. Aber die wesentliche griechische Kultur apollonisch. In der griechischen Philosophie war das Wirkliche das Gestalthabende und das Begrenzte. Die Gestalt wurde für das Reale gehalten. Ich denke, die "Idee

「形而上学的立場から見た東西古代の文化形態」の
タイプ原稿（石川県西田幾多郎記念哲学館所蔵）

1

生い立ち——育みしもの

1　ふるさと――すなどりの暮らしと子どもたち

現在の石川県かほく市木津（旧七塚町木津）ホ十二番地、そこが高橋ふみの生まれた地です。日本海に突き出た能登半島の基部には海岸線に沿って南北約十キロメートル、幅一キロメートルの内灘砂丘（または河北台砂丘）が伸びています。この砂丘の頂部は海抜約六十メートルであり、能登に近づくにつれて少しずつ低くなり、ふみの生誕地あたりでは海抜三十メートルほどになります。海岸までの斜面には折り重なるように家並みが続き、反対側のゆるやかな斜面には宅地と畑地が広がり、家屋が点在しています。明治期までは春ごとに、この地にしか見られない木津桃《きづもも》の可憐《かれん》な花が一面に咲いていたといいます。

米作地帯の北陸にありながら、砂丘地なので米一粒とれない木津ですが、ふみの育った頃は家屋が多く、人口密度の非常に高い地域でした。そして、古くからこの地に住む人々の多くは「漁《すなどり》」を生業としてきた人々の子孫です。ふみの生家から三分ばかり歩くと、そこはもう日本海。現在は海岸浸食によって狭くなりつつありますが、この地方独特のかなり広い砂浜が続いています。その延長線上にある千里浜なぎさドライブウェイは、現在でも五キロ以上にわたって波打ち際の砂浜を車で走ることができる観光道路です。すなどりの子孫らしく、その昔この地の子どもの遊び場は砂浜と防風林でした。男勝りのふみは小さい頃、砂浜を走り回って遊ぶのが大好きな少女だったといいます。

ふみの家庭教師を受けたことがある木津生まれの地質学者柏野《かせの》義夫《よしお》は、昭和初期の砂浜を、懐かしげに次のように回想しています。

七塚地方の海岸では、今から四十年前頃には、砂浜の幅は今よりずっと広かった。クロマツの防風林の海側には、初夏に真紅の花を咲かせ、やがて赤い実をつけるハマナス（ハマナシ）や優美なハマヒルガオ・ナデシコやハマグミをまじえた海岸の緑地帯があり、初秋になると、そこは松虫《ちんちろりん》の集《すだ》く浜辺の楽園であった。カボチャを両《ふた》つ切りにしてくりぬいてつくった提灯《ちょうちん》にローソクをともして、夜は友だちと松虫とりにいったりなどしたものである。

この緑地帯の海側はゆるやかな斜面になっていて、そこにはワラ葺《ぶ》きの小さな船小屋が一定の間隔をおいてずっと並んでいた。真夏の午後、友だちと泳ぎに行った時は、船小屋で着物を脱いで一目散に白砂の上を駆《か》け出したが、波打ちぎわの「赤砂」（波打ち際近くのぬれた砂を、子どもたちはこう呼んでいた）まで走る間に、足のうらが焼けるように熱くなって、いくどか立ち止まり、爪《つま》先立《さきだ》ちをするようにして赤砂にすべりこんだものである……。

今日では、波打ちぎわはずっと陸側に入りこんできて、広いと思った砂浜は見る影もなくなってしまった。浜辺に立って回想をめぐらすと「赤砂」で高い山や形の入りくんだ池を盛大に築いて遊んだ波打ちぎわはもちろんのこと、カニ孔《あな》を掘ったり、相撲やキャッチボールにうち興《きょう》じた「白砂」の浜も、今ではあらかた波に呑まれてしまっている。近年は、海岸浸食を防ぐための護岸堤が延々とつくられて、船小屋もひとつ残らず姿を消し、ハマナスをまじえた草原も、松虫の楽園もなくなってしまい、護岸のすぐ内側には、アスファルト舗装の能登海浜道が、ただ一直線につづいている。

（柏野義夫『日本海の謎』「砂浜の回想」）

子どもたちの遊び場であった防風林は、植物には適しない砂地に、村を守るために長い年月をかけて創《きず》かれてきたものでした。不毛の地を遊び場に変えてしまうようなふるさとの人々のたゆまぬ努力とたくましさが、この地で育った子どもたちには受け継がれています。

高橋ふみよりも少し年下の古老たちも、小さくなった砂浜での思い出を懐かしげに話してくれました。そうしたすなどりの暮らしが消え、子どもたちの心を育んだ遊び場が見る影もなく変貌したように、この地でふみと遊び、育った子どもたちは世を去り、彼女の足跡も波が洗った砂地のようにかき消されています。この評伝はそうしたかき消され、忘却された足跡をふたたび復活しようとする試みです。

男尊女卑、女性蔑視の封建的な戦前の社会の中で、新しい女性の道を切り拓いた高橋ふみという女性は、そうした「すなどり」の人々が暮らした砂丘地で育まれたのです。

2 学問を愛する女性となる素地

ふみは、一九〇一（明治三十四）年七月二十六日、織物業高橋由太郎《よしたろう》、すみの次女として生まれました。

父由太郎は北加賀への繊維産業導入者の一人で、七塚村の首長（六代目）を務めた当地の有力者でした。明治の中頃から七塚の基幹産業は繊維工業でした。砂丘地で、稲作を中心とする日本的な農業が育ちにくいこの地の全国有数の人口密度を支えていたのは、昔は豊かな海でしたが、それは徐々に近代工業に取って代わられました。

七塚の繊維工業の歴史はかなり古く、すでに江戸末期には麻織物工業が営まれ、明治維新の直前には木綿織機業が興《おこ》っています。しかし、七塚が繊維の町として発展する基礎は、明治二十四年に外日角《そとひすみ》の能任理一《のとりいち》が輸出用羽二重《はぶたえ》の生産を始めた時で、ふみの父高橋由太郎もこうした明治の殖産工業の一翼を担ったのでした。一九一九（大正八）年の第一次世界大戦終結当時まで、輸出用羽二重は生産好況で、七塚は財政的に豊かな村でした。一九二一（大正十）年十月に、繊維業者や町の有力者たちが七塚小学校にテニスコートを寄贈しています。それは日本海側の寒冷地でありながら、近代産業とともに西洋文化の一端を一早く取り入れようとしたこの町の進取の気質と、ある種のハイカラさ（近代性）を象徴しています。長い海岸線をもち、江戸時代には北前船の寄港地の一つでもあったこの寒村には、海の向こうのものを積極的に受け入れるような土壌が存在していたのでしょう。

ふみとは母方の従妹《いとこ》にあたる林広子さんは、当時の高橋家の様子を次のように語ってくれました。

ふみ姉さんの家は、女工が数十人も働く工場の隣の大きな家で、姉さんの部屋には当時その地方では見たこともない白い蚊帳《かや》が吊ってあって、一緒に真っ白なシーツを布団の上に敷いて寝ました。

ふみは村の裕福な名士の次女として、自由、快活に育ちました。当時の女性としては異例ともいえる高度な教育を受け、純粋に学問を愛する女性になっていく素地の一つは、父の進取《しんしゅ》の気質と繊維産業がもたらした豊かさでした。木津に隣接した高松村とともに、繊維産業の発達したこの村は、大正期でも女児たちが高等女学校や実業学校に進む割合の比較的高い土地柄でした。

母すみは、隣村宇ノ気《うのけ》出身で近代日本を代表する哲学者・西田幾多郎の一つ下の妹です。親戚とは疎遠な印象が強い西田幾多郎が、最も信頼した血縁はすみであり、帰郷の際に宿泊したのはいつも木津の高橋家でした。一九一二(明治四十五)年に夫由太郎が急死した後、すみは女手一つで、当時としてはかなり大規模な羽二重工場を経営した女丈夫《じょじょうぶ》(気性が強くしっかりしている)でした。最盛期には百人近い従業員を雇い、顧客との商談では決して妥協しなかったといいます。当時、両手を帯に入れて歩く着物姿のすみを、木津の古老たちはよく憶えていました。大正デモクラシーにおいて女性の自立が叫ばれる以前から、工場主であったすみは文学運動や女性解放運動とは無縁な世界で、すでに十分に自立した女性だったのです。

西洋的な技術を取り入れようとした父と、運命的に自立せざるをえなかった母の生きざまは、ふみに受け継がれていったように思われます。特に、女性として、男勝りの母の生き方は彼女に決定的な影響を与えたようです。男尊女卑の封建的風潮のただなかで、ふみは精神的自律の根拠と支えを学問と思索に求めましたが、母すみの気丈さを支えていたものは宗教心であったと思われます。すみは、戦前は、弾圧された教団「ひとのみち」の熱心な信者であり、砂浜で教団支部の大々的な運動会を主催しています。それと同時に、真宗の「加賀の三羽烏」と言われた暁烏《あけがらす》敏《はや》、高光大船《たかみつだいせん》、藤原鉄乗《てつじょう》などとも親交がありました。大船や鉄乗は高橋家にたびたび講話にきており、鉄乗の雑誌『旅人』も毎月すみの元に届けられていました。また、木曽義仲の戦いで名高い倶利迦羅《くりから》の不動寺《ふどうじ》を中興《ちゅうこう》し、後に高野山真言宗管長を務めた金山穆韶《ぼくしょう》とも親交があり、ふみの渡欧の時に穆韶から贈られた書が実家に残されています。ふみ自身は、関わりをもった学校（東京女子大学や自由学園）がミッションスクールであったため、キリスト教に親近感を持っていたように思われます。そして今は戦後の母の宗教であった大本教《おおもときょう》の墓に眠っています。

姉は宇良《うら》、長兄は佐五郎《さごろう》、妹にはとも、民子がいましたが、ともは生後間もなく亡くなっています。末の弟は七郎といい、ふみは小さい頃は五人の兄弟姉妹の真ん中として育ちました。宇良も民子もふみと同じように、石川県立第一高等女学校を卒業した、当時の石川県ではインテリ女性でした。妹の民子（後に太田育子と改名）はふみに続いて東京女子大学に進学し、後にホトトギスの俳人として活躍しました。『ふるさと』、『続ふるさと』、『育子抄』等の句集を残しており、加賀・能登の俳句の指導者の一人でした。民子の作品のなかに「姉似とて懐かしがられ旅の秋」、「吹雪く戸に帰省の姉を待つ記憶」など、姉ふみを詠んだ俳句が残されています。

3　木津桃、そして伯父・西田幾多郎

木津は桃の郷でもあります。歴史書『加賀志徴《かがしちょう》』（一九三七年）には次のような記述があります。

木津の桃は、……盛んにして数町の内全《ことごと》く桃樹《もものき》のみを植渡《うえわた》し、花のころは雲につづき、見事さいわんかたなし。金沢等より見物に行人日々繁し、木津に至りてはその景気少しく薄く、海上より船にて見れば、一山雲に埋《うま》りたるが如《ごと》し。

加賀の藩主前田家もたびたび観桃《かんとう》の宴《うたげ》をもったという桃の群落は数町《すうちょう》におよび、海からは木津全体を覆《おお》っているように見えたといいます。その木津桃は、今ではほとんど見られなくなりました。戦後、西洋桃、ネクタリンなどに圧倒されて、小さな、甘さの少ない木津桃の実は、市場価値を失ったからです。しかし、その花と味を懐かしむふるさとの人々によって、現在でも木津桃は大切に育てられています。

東京女子大時代にふみと一緒に活動した後輩の三雲（旧姓小川）まりさんは「ふみさんは凛《りん》とした方で、そう大きくはなかったけれど、桃のような肌の人でしたよ」と回想しておられました。

女性洋画家の草分けの一人として、優れた色彩感覚をもった小川さんらしい描写です。ふみはお化粧などほとんどしたことがありませんでしたが、親族からもこうした言葉を聞いたことがあります。

四十三歳の若さで、多くの可能性を残して、惜しまれながら逝ったふみの二週間前に世を去った人がいます。彼女が絶えず目標にした伯父の西田幾多郎です。ふみが当時の女性としては破天《はてん》荒《こう》とも言えるアカデミックな生き方、それも当時としては男の世界そのものであった哲学を志したのは、哲学者であった伯父の影響です。病気のふみを心配して、一九三九（昭和十四）年一月十三日、フライブルク大学に留学していた愛弟子西谷啓治《にしたにけいじ》に宛てた次のような手紙が残されています。

> 文は肺が悪い由はじめて承《うけたまわ》り心配と存じます。そちらで悪くなっては誠に心配と存じます。何《なに》分《ぶん》よろしく、万事お気付下さる様お願いたします。かれの家の方へはあまり心配するといけないから当分私より知らさずに置きます。
>
> （㉒二〇二[9]）

西谷啓治は、ふみを西田幾多郎と重ね合わせながら次のように回想しています。

先生の姪で今は亡き高橋ふみさんと、二年間親しく付き合った。先生から、どうしているか見てくれと頼まれたのだが、そのときの先生は「男みたいな気象《きしょう》で突飛なことをする奴だが、根はスカッとして善い人間だ」と言われた。全くその通りで、ものに怯《きょう》せず、周囲に頓着せず、言動には時に不敵で、粗放《そほう》なところもあったが、その底に非常に優しい人間らしさを、女らしい情の細やかさが隠れていた。その高橋さんの内にも、何か平均人を超えた資質があった。ニーチェが**außerordentlich**(並外れた)な精神でなければならぬ、と言った異常な天性があったように思う。……高橋ふみさんにベルリンで会った時にも、伯父は学者としては偉いのかもしれないが、家庭をすっかり不幸に陥《おとしい》れている、人間としてはなっていない、と烈《はげ》しい批評をしたことがあった。私は先生の家庭生活のことは何も知らなかったが、そういう批評は狭い女性的な角度からの批評で、もっと大きな眼で見なければ駄目だ、といって議論したことを覚えている。それからふみさんの見方も変わり、私の勧めで先生の論文を独訳するようにもなった。才能のある、気象の勝った、しかも底は気立ての優しい人であったが、在独中に胸を病み、帰国して亡くなってしまった。前にも言ったが、どこか先生の人柄と通ずるものがあり、惜しいことをしたと思う。

(西谷啓治『西田幾多郎』)

西谷はふみの中に西田の人柄と通じた「哲学者としての可能性」を見て、その早世を惜しんだのです。

（9）『西田幾多郎全集』（岩波書店）からの引用は巻数を丸付き数字、頁を漢数字で示す。「二二巻二〇二頁」は「㉒二〇二」と記す。

2

生徒の頃——夢物語からの出発

1　七塚小学校時代——めんちゃの夢

一九〇八（明治四十一）年四月、ふみは七塚尋常《じんじょう》高等小学校に入学しました。入学したのは、一九〇七（明治四十）年二月に建設費九千二百十四円五十八銭八厘という当時の七塚村の年間予算の大半を投じて落成した新校舎でした。校下の人々の喜びは大変なもので、校舎落成の日には提灯行列をして祝っています、その時に歌われた「ちょうちん行列の歌」には人々の喜びが溢れています。

（四）こぞの春より労力と　いくたの経費をなげうって　高層けんびほこるべき
　校舎は今ぞ落成す
（五）桃の名所と歌われて　世にひびきたる名と共に　善美の校風つくりなし
　いざ輝やかん輝かせ

七塚の人々の教育に対する熱意と健《すこ》やかな子どもたちの成長の願いを象徴するような校舎と落成式でした。しかし、ふみの入学した年より、小学校令改正によって尋常科四年、高等科四年の修業年限が尋常科六年、高等科二年に改められ、就学児童の増加もあって、新校舎は間もなく手《て》狭《ぜま》になりました。ふみの入学した年の新入生は男女あわせて八十八人で、六年生（三十七人）の二倍をこえました。そのため、一九〇九（明治四十二）年にはふみの在学していた尋常科二年は午前と午後の二部授業になり、翌年には近くの民家を分教場として授業を行いました。男女別々の教室でしたが、授業の合間、隣の教室の男の子たちと同じようにふみも窓から出入りして遊んだと伝えられています。

『七塚小学校沿革史』には「明治四十四年五月九日、校下刺網鰯《さしあみいわし》業者何れも大漁のため十一日まで出席児童約半数となった」とあります。ある古老曰《いわ》く「鰯のかかりようで、小使いさんな、浜んどようけきて鈴を振ったもんやった」。大漁の日、校長判断で鈴が振られると、学校は休みになりました。木津の周辺はその当時、刺網だけではなく、養蚕《ようさん》、そうめんづくりなどの仕事もあり、子どもは貴重な労働力として「どこの家でもよくかぎなった（手伝いした）」といいます。けれど、裕福な羽二重工場の娘として、ふみはほとんど「かぎなう」ことなく育った、人一倍元気で自信に溢れた少女でした。

五つ下の妹民子の同級生高橋佐々喜《ささき》さんは、当時のことを次のように回想していました。

わしはいつもたみの荷物をもたされた。たみの男勝りはふみの影響で、ふみは男勝り以上やった。身体は大きゅうは無かったが、誰も口ではかなわんかったので、ふみの言いなりやった。成績は飛び抜けとったし、気性が男のようにさっぱりしていたから、わしらは割合素直にしたがっとったように思う。

ふみについて語る人は誰でも、さっぱりした気性、男のような口調とともに、その理屈《りくつ》っぽさについて語ります。これは彼女の子どもの頃からの特徴だったようです。西田幾多郎も西谷啓治に宛てた手紙に「文はどういうことをしていますか、あれは子供の時より半分男の様な娘にて物を言いすぎたり生意気だったりします、しかし根がすっぱりしているのです(㉒四〇)」と記しています。

文子姉さんとの最初の思い出は、小さい時に……近江町に買い物に行って若い人に男めんちゃといってからかわれたことです。

(ふみの姪・能崎貞子の回想)

加賀方言でおてんばな娘をからかう時、「めんちゃ」と呼びます。ふみは特に身体が大きかったわけではありませんが、人一倍活発で物おじせずに行動する少女でした。小さな頃から女らしさとかいうことをあまり意識せずに、一人の人間として振る舞い、思ったこと、感じたことを率直に口にするような傾向があったようです。

小さい頃私が理屈っぽくて先生をやり込めて、そのために母がよばれて叱られるようなこともありました。そんな時でも、母は帰ってきて何も言いませんでした。私らしくてその方がよいと思っていてくれていたらしいのです。母は何も言はんから、私も何も言いません。けれど、子供の私にとってはそれがかえって非常につらかったですね。勉強しろと言はれたこともありませんでした。

(『婦人之友』「座談会」)

母の信頼に満ちた愛情の下、ふみはその個性と自律性をまっすぐに育てていきました。「女のくせに」とか、「女だから」などということに囚《とら》われずに、人間としての天分を十分に発揮しようとしたふみの斬新な生き方・考え方は、母の信頼によって培われたのです。

まだ小学校の一、二年生の頃、学校へ行く前に父と添い寝をしながら語ったという将来の夢を、姉宇良が伝えています。

たあ（私）は木津の小学校から尾山（金沢）の学校へ行き、東京の学校へ行き、それから外国の学校に行く……

（『加能女人系』）

「たわいない夢物語がその通りになりました」と姉は述懐しています。この姉の回想が文字通りでなかったとしても、この言葉からはふみの早熟さとともに、因習《いんしゅう》に縛《しば》られない家庭の雰囲気が良く示されています。

成績順に記された一九一四（大正三）年の「卒業証書授与者名簿」の女子卒業者の筆頭にふみの名前があります。古老たちが、飛び抜けて優秀だったと語る彼女の小学校時代の成績を示す資料は、今はそれしか見い出せません。三月二十七日午後一時から行われた卒業証書授与式の日、ふみは尋常科の卒業生女子総代、証書番号は二三九番です。卒業式の式辞は御真影《ごしんえい》が入った奉安殿《ほうあんでん》から取り出された教育勅語《ちょくご》を校長が奉読《ほうどく》するだけの短いものでした。しかし、おそらく小さなふみは頭《こうべ》を垂《た》れながら、緊張しながら校長の声を聞いたことでしょう。尾山（＝金沢）の高等女学校に入学するため、翌朝は故郷を旅立つからです。尋常高等小学校には高等科が併設されていましたが、ふみはそこには進学しませんでした。ふみの生涯は添い寝しながら父に語ったというあの夢物語を実現する旅でもありますが、その旅立ちはその日から始まったのです。

2　女らしさと理屈っぽさ

ふみの性格について語る人々はほぼ一様に、「女らしくない」、「男のような」、「男勝り」というような表現を使います。先に引用した文書でも、西田幾多郎は「半分男のような娘」と書いていますし、能崎貞子は「男めんちゃ」とからかわれたと伝えていました。また、日本人で二人目のノーベル賞受賞者（物理学）・朝永振一郎さえもが「男のような物の言い方をするし、理屈っぽいし」とふみを評していました。

「男のような」というのは「理屈っぽい」、「大学に行く」、「外股」、「パッパと歩く」、「おしろい気のない」というようにも表現されていました。これらの対義語は「素直な」、「女に学問は不要」、「内股」、「しなしなと歩く」、「着飾った」というような言葉でしょうか。そうした言葉遣いに、当時（今も？）の「女らしさ」、「男らしさ」の一般的・平均的理解を垣間見ることができます。

フランスの女性哲学者ボーヴォワール（Simone de Beauvoir, 1908-1986）が『第二の性』（一九四九年）で「人は女に生まれるのではない、女になるのだ」と記したことはよく知られています。ボーヴォワールの言葉の意味は生物学的な性＝セックス（雌）は社会的・文化的な性＝ジェンダー（女）とイコールではないということです。ジェンダーはセックスのように生まれつきではなく、社会的に獲得されたものであるということです。ボーヴォワールは実存主義哲学者J・P・サルトルと契約結婚した女性として有名ですが、サルトルと似通った人間理解をもっていました。サルトルは『実存主義とは何か』(一九四六)で、「実存が本質に先立つとは、……人間はまず先に実存し、世界内で出会われ、世界内にふいに姿をあらわし、そのあとで定義されるのだということを意味する、実存主義の考える人間が定義不可能であるのは、**人間は最初何者でもないからである。人間はあとになってはじめて人間になるのであり、人間はみずからつくったものになるのである。**このように人間の本性は存在しない」と記しています。この太字部分の「人間」を「女性」と読み替えれば、サルトルとボーヴォワールはほぼ同じことを語っていることになります。

ただし、そうしたサルトルの人間理解やボーヴォワールの女性理解とふみの理解には、若干の差違があります。例えば、ふみのラジオ講演「女子教育における知識の問題について」には次のような主張が見出されます。

しかし、かかる傾向(知的なものを避ける傾向)が天性的のものであったにしても、吾々はより聡明なる婦人を、より叡知的なる女性を、而して全人格として高い女性を求める限り、直ちにこれを肯定することはできないのであります。まして、若《も》し長い間の封建時代の習性から来ているとしたら、一日も早くこれを是正する必要がありましょう。
（『高橋文の「フライブルク通信」』）

ふみはボーヴォワールと異なって、女性には天性的な傾向がないとは断言せずに、そう「天性的のものであったにしても」、直ちにこれを肯定することができないと記しています。

特に、それが「長い間の封建時代の習性から来ているとしたら、一日も早くこれを是正する必要がありましょう」と語っています。つまり、ふみは現状を認めたうえで、それを是正することが重要だと考えているのです。例えば、「理屈っぽい」ということは「女らしくない」というような人間理解が社会の中で歴史的に作られてきたのだという捉え方は、現代ではむしろ自然に受け入れることができるかもしれません。女性の研究者に囲まれていると男性よりずっと理屈っぽい女性（良い意味でです）が身近にいるのは普通のことですし、最近では女子学生が理屈で男子学生をやり込めているということは、珍しくも何ともありません。

「小さい頃私が理屈っぽくて先生をやり込めて、そのために母がよばれて叱られるようなこともありました」（『婦人之友』「座談会」）というふみの回想がありました。こうした女の子の性格は、伝統的には家庭教育や学校教育の中で「女らしくない」という理由で矯正されていくものでした。「そんな時でも、母は帰ってきて何も言いませんでした。私らしくてその方がよいと思っていてくれていたらしいのです」と続いていたように、ふみのお母さんの態度には子どもの性格を認め、伸ばそうとする、信頼に満ちた愛情が感じられます。また、同じ『婦人之友』の「座談会」の記事で、出席者の一人が「高橋さんはどこか男のような口調があるが……」と質問したのに対して、ふみは「これは生まれつきです」とも答えています。

教育の役割の一つは、その子らしさを引き出し、伸ばしてやることであり、identity（自己同一性）の確立を援助することです。最初は自覚的ではなかったでしょうが、将来、ふみは「理屈っぽい」性格が活かされる道、特に最も学者の中でも最も理屈っぽい哲学研究者の道を目指すことになります。その点でふみという女性は自分の内なるものに非常に素直に生きた人であると考えられます。ただし、それが女性的なものであろうと男性的なものであろうと、自分の内なるものに素直に生きていこうとする時、それを妨げるさまざまな時代の波、因習との軋轢《あつれき》の中に置かれることがあります。ふみの性格との軋轢を引き起こした因習の最たるものは「女性に学問は不要である」、「女性に学問は向かない」といった当時の女性観に巣くっていた根強い偏見であったことは明らかです。

3　高等女学校の良妻賢母教育

一九一四（大正三）年三月、ふみは石川県下の女子教育の最高峰石川県立第一高等女学校に進学します。県下で「ファースト」と呼ばれ、娘たちがあこがれた第一高女の女生徒たちは、外国語をはじめ、小学校高等科の生徒たちより、はるかに進んだ教科を学び、知的な教育を受けました。しかし、当時の高等女学校における教育の主眼は、知的な教育よりもむしろ「教育勅語」が求める「家庭人としての厳しい礼儀作法」、「生活実技の手ほどき」にありました。

日本において女子に対する本格的な中等教育が始まったのは、一八九九（明治三十二）年の「高等女学校令」公布以降です。「高等女学校ハ、女子ニ須要ナル高等普通教育ヲナスヲ以テ目的」とし、修業年限は四年、就学年齢は十二歳以上でした。当時、石川県下の公立の高等女学校はただ一つであったため、金沢市内だけではなく、加賀、能登全域から入学志願者があり、明治末頃には毎年二倍以上の志願者が殺到するような状況でした。そのため、石川県は大正二年に、真宗大谷派が経営母体であった私立金沢高等女学校を県立に移管し（後の県立第二高等女学校）、第一高女の入学定員も増員しようとしました。しかし、この県立移管に対して一部の県会議員から知事に対して次のような反対質問がなされています。

見よ、着実穏健《ちゃくじつおんけん》なる家庭にはその嫁として女学校の卒業生を歓迎せざるを。かかる際高等女学校を増設しては虚栄心の奨励となり……。

（『北國新聞』大正元年十一月九日付記事）

当時、高等女学校卒業生の離婚率が高く、本来目指すべき「良妻賢母」教育に逆行しているという意見が全国的にも問題になっていました。こうした女子教育の状況に対する一つの改革案として、一九一八（大正七）年十月に臨時教育会議で「女子教育の改善」が提言されています。内容の柱の一つは「我家族制度ニ適スルノ素質ヲ与フルニ主力ヲ注《ソソ》グコト」であり、女子教育の良妻賢母型、料理、裁縫等の実技教育重視の傾向がますます強くなっていきます。そうした流れに沿って、高等女学校よりも実技学科に重点を置いた実科高等女学校が創設されます。

後にラジオ講演で語ったように、ふみは高等女学校のカリキュラムが、同年代の教育を担っていた中学校のものに比べて、はなはだしく知的な教科が少ないことを不満に感じていました。

男子の中等学校と女子の中等学校とを比較して考えてみることにしましょう。……試みに文部省検定済の教科書についてこれを見ますならば、この相違が如何にはなはだしいか。これは女子教育に携わっておられる方々の等しく感じておられるように、高等女学校の教科書はいずれの学科の教科書といえども、中学の教科書に比べて遙かに程度の低い、従って初歩的なものに過ぎないのであります。

（『高橋文の「フライブルク通信」』）

ふみは修身の時間や裁縫の時間は気乗りせず、国語、歴史、英語などの時間はイキイキとして取り組んだようです。三年生の演習会の時には、歴史の時間には代表として「安史《あんし》の乱」（七七五年、唐代中期に起こった反乱）について研究発表したという記録が、第一高女の流れを汲む石川県立二水高等学校の記録に残されています。

また、この頃、母とともに仏教思想家暁烏敏の夏期学校に出席した時の写真が残されています。現在の白山市北安田町にある明達寺で開催された第六回夏期学校の記念写真の最前列に、加賀の真宗の三羽烏（敏、高光大船、藤原鉄乗）や善男善女の中に、居場所を間違えたように一人の娘が写っています。それは母すみと並んだ十四歳のふみで、さまざまな宗教に関心をもった母すみの影響で、多感な少女時代に宗教や思想的な講話に耳を傾ける機会をもっていたのです。

知的な探究を第一にするふみは、女性としての生き方を学ぼうとする高等女学校の同級生たちには「まるで男のような方でした」という強烈な印象を与え、教師たちには扱いにくい生徒でした。当時の音楽教師・渡辺（旧姓加藤）つるは次のようにふみの印象を記しています。

なりふりかまわないさっぱりした性格で、思ったことはなんでもずけずけ言う男まさりの子でした。普通の子とは違っていました。百数十人いた卒業生で女子大に行く子は一人という時代でしたから……帝大なんてのは破天荒なことでした。

（『加能女人系』）

4　空白の二年間――奇抜な娘

一九一八（大正七）年三月に高女を卒業したふみの様子が、『済美会誌』（第一高女の同窓会誌）の「会員消息欄」で次のように伝えられています。

どこどこまでも奇抜なことをなさる高橋様は、卒業直後に近畿地方を旅行なされ、続いて横須賀のお姉様の所へおいでになりました。近頃お帰りになりましたとか、途中東京によられ佐々木さんとお逢いになりましたとか、三クラスの中で一番自由な生活をなさっているのは不見《〔ママ〕》さんでしょう。

たしかに、卒業後直ちに就職・結婚した多くの同窓生たちにとって、ふみの生活は奇抜で、自由に思えたのでしょう。しかし、ふみは単に自由気ままに振る舞っていたのではなく、これから歩むべき道を求めていたのです。そのため、郷里木津に帰ってくるようにという母の願いを聞き入れず、金沢市内松ヶ枝《まつがえ》町で下宿し、自分探しの旅に出たのだと思います。春には花咲く近畿地方に行き、奈良、大阪の歴史に触れ、京都では当時京都帝国大学教授として生産的に哲学論文を発表していた西田幾多郎の家にも立ち寄ったかもしれません。

この頃、西田は母寅三《とさ》の病気のため何度となく金沢の常盤町にあった母の住まいを訪ねています。時折病気見舞いに行ったふみは、祖母の死（一九一八年九月）までに何度か伯父と話す機会があったようです。思索の時には家族を寄せつけず、額に汗するほど集中した西田も、書斎を離れた金沢では、拙《つたな》いふみの理屈に熱心に付き合ったとも伝えられています。それが後にふみが哲学を志す誘い水となったのでしょうか。

祖母が亡くなったその年の晩秋、横須賀にいた姉字良《うら》を訪ね、軍人の妻であった姉の生活に触れた後、ふみは東京に進学していた高女の同期生・大屋英子と佐々木林《りん》を訪ねています。二人は優秀な学生で東京女子高等師範学校と女子医学専門学校に進学していました。とはいっても、ふみ自身は家庭生活に入ることはもちろん、教師にも医師にもなるつもりはありませんでした。彼女が当時求めていたのは職業ではなく、人生であり学問であったように思えます。そんなふみが進むに可能と考えられる学校は、職業教育をする師範学校、専門学校ではなく、制度上は専門学校と同一扱いだったとはいえ、教養的な学問ができる女子大学でした。一つの可能性は一九〇一（明治三十四）年に創設された当時唯一の既設校であった日本女子大学、今一つは翌年に創設予定の東京女子大学への進学でした。

しかし、ふみはその年末には金沢の下宿をたたんで東京ではなく、いったん郷里木津に帰っています。高女での教育には理解を示した母が、なかなかそれ以上の進学を認めなかったからだと思われます。父亡き後、一人で工場をきりもりし、自分を助け手として期待していた母の思いにふみは背《そむ》けなかったのでしょう。このため、進学の夢を抱きながら、木津で花嫁修業を始めます。その時の様子を、第一高女在学中の妹民子が「髪の結い方や裁縫をやっていましたが、それで納《おさ》まる姉じゃありません」と記しています。じっと花嫁修業をしていたのは約半年で、東京遊学へのはやる心を抑えられず、熱心に母を説得し上京した姉の姿を民子は鮮明に覚えていました。しかし、この時、すでに東京女子大学の第一回の入学試験は終わっていました。翌年の入学試験までの期間、ふみは神田の女子青年会で英語を学びながら過ごしています。

一九二〇（大正九）年、高女を卒業してから二年を経て、ふみが入学したのは創設二年目の東京女子大学高等部でした。教養主義でありながら同時に「良妻賢母、武士風家庭、国家意識」をも強調した成瀬仁蔵《じんぞう》が創設した日本女子大学ではなく、キリスト教精神に基づく人格主義、個性尊重の教育方針をかかげる新渡戸《にとべ》稲造《いなぞう》が初代学長になった東京女子大学です。この新しい小さなミッションスクールでの生活は、ふみの人生と思想に決定的な影響を与えることになりました。

渡航前。前列左から、高橋泰雄、高橋ふみ、磯部貞子、磯部清江

3

東京女子大学時代——おふみさんの誕生

1 創設の理念——自由と教養

初代学長新渡戸稲造（一八六二—一九三三）は、一九二〇年から国際連盟事務次長として、本部のあるスイスのジュネーブを活動拠点にしていました。そのため、一九二四（大正十三）年の東京女子大学第一回の卒業式にはジュネーブから祝辞を寄せ、そこで女子大「創立の精神」を述べています。

この学校はご承知のとおりわが国における一つの新しい試みであります。従来わが国の教育はとかく形式に流れ易く、知識の詰込みに力を注ぎ、人間として、また一個の女性としての教育を軽んじ、個性の発達を重んぜず、婦人を社会、しかも狭苦しき社会の一小機関とみなす傾向があるに対して、本校においては基督教の精神に基いて個性を重んじ世のいわゆる最小者を神の子とみなして、知識よりも見識、学問よりも人格を尊び、人材よりも人物の養成を主としたのであります。

（新渡戸稲造「ジュネーブ湖畔より」）

東京女子大学は自由・教養を設立理念とし、学生個々の人格の完成を教育目標に掲げていました。設立当時の角筈《つのはず》校舎は、昔の武蔵野の面影が残る淀橋《よどばし》の水道浄水場のそばにありました。ふみが入学したのは高等学部予科ですが、翌一九二一年の制度改革によって高等学部二年に編入されています。新渡戸を始め、石原謙（キリスト教学）、出隆《いでたかし》（哲学）、高橋穣《ゆたか》（倫理学）、土居光知《どいこうち》（英語学）、イディス・キャンベル（英語）、森戸辰男（社会学、経済学）、大内兵衛《おおうちひょうえ》（社会学）など、後にそれぞれの分野で大きな功績を残すこととなる、若き教授たちが揃い、学究的な雰囲気に溢れていました。第一回の入学生高橋愛子は『学友会雑誌』に、設立当初の様子を情熱的な文章で書き残しています。

光を求めて私はこの学校に入ってきた。当時学生と学生との間に漂うていた暖かくかつ溌剌《はつらつ》たる若々しい精神と緊張せる態度とは、何の自覚もなくただ無意識な欲求に促されて入学した私の心に、ある確かさと信頼の念を感じさせずには置かなかった。特に学長は慈愛深き父のごとく、まだ団体生活とその精神になれずして女学校時代の小さき孤立の世界に帰らんとしがちであった我々個人個人を、絶えずその精神の中心へと近づけ、そこに教養の無限に広き世界があることを暗示され、我々は判らないながらその方へ行こうと努力した。

（『東京女子大学創立十五年回想録』）

ふみの東京女子大学の一年先輩で、小塩《おしお》れいさん（ドイツ語学者小塩節《たかし》氏のご母堂）から手紙をいただいたことがあります。そこには九十歳を過ぎた方とは思えない流麗な文字で次のように書かれていました。

全く世に抜きんで、哲学なんかの課目もあって、いろいろと新しい課目が並んで目もくらむばかり、私も父も目もくらむほどのおどろきでした。ここだ、ここへ行こう、と決心しましたが、入ってみて何とその水準の高いこと。「へこたれてはいけない、へこたれてはいけない」と自分に鞭《むち》打《う》って人の寝ている四時から起き出し、片っぱしから英語の辞書を引いたりして猛勉、――全く新しい高度な学校でした。

高橋ふみ様も満足して学校生活をなさっていらっしゃったようで、少し足の先を外にして、とりまきの皆さんと肩をくみ、笑いつつ、語りつつせまい校庭の芝生の上を歩いておられました。勿論一級上とは云へ、私なんぞその中には入れず、羨《うらや》ましく眺めていたと云ふところ。色白で、せいも高く（一寸男っぽく？）みんなのあこがれの的でした。沼波《ぬなみ》ケイオン先生（国文）は「あの高橋ふみと云う人は一高気質《かたぎ》だな」とそのありようを絶賛しておられました。

この「一高（第一高等学校）気質」という表現は、ふみの性格を良く示しているように思います。大学部哲学科は一九二四（大正十三）年に校舎が荻窪《おぎくぼ》（現在の杉並区善福寺）に新築されると同時に設置されました。日本で初めて女性が哲学を専門的に学ぶことができる学科でした。入学希望者は高等学部卒業者二名に、他の専門学校を経て受験入学した者一名を加えて三名で、この中に英文学科一年在学中のふみは含まれていませんでした。

前年度英文学科の一年を了《お》へたもので哲学科に転ずることを熱望した者が二名あったので、協議の結果前年度中に修学せる哲学関係の科目の成績考査の上転科を許可することとなり、この二名を第二学年本科生として編入した。修業年限二カ年の哲学科が開講一カ年で本科卒業生を出したのは以上のような事情によるのである。（同前）

この二名とは、ふみと湯浅（後に岩垂《いわたれ》）宣子で、彼女たちは二年制の本科二年、つまり最終学年に編入し、一年間で卒業論文を書き上げることになりました。ふみの題目は「プラトンのイデアに就《つ》いて（パイドンを中心としたる）」、湯浅は「プロティーヌス（悪の問題を中心として）」で、いずれもギリシア哲学をテーマにした論文です。二人は東京女子大で、かつ日本人女性で最初の哲学科の卒業生となりました。二人の卒業論文の指導教員は後に文化勲章を受け、キリスト教史研究の大家となった石原謙です。石原は東京女子大学哲学科開設と同時期に、東北帝国大学教授として赴任しています。そのため、石原は転任後もわざわざ仙台から足を運んで、二人の卒論指導・審査を行ったと考えられます。

ふみの生涯の友人であった国文学者の磯部貞子（後に山梨英和短大教授）は、東京女子大学の哲学科設置はふみの強い希望が実ったものだと記しています。

高橋さんは東京女子大でもずば抜けていました。言いたいことをいって、したいことをして、それでいて安井学長、先生方、友人とだれからも愛されていたようです。人徳というのでしょうか。高橋さんが哲学を希望し安井先生がその希望をかなえて哲学科をつくられたのは確かなようです。哲学を専攻するに当たっては、西田先生の提言があったとかいうことも聞きました。

（『加能女人系』）

いかに小さい大学ではあっても、一学生の希望で新たな学科が新設されるということはにわかには信じがたい。しかし、この最も親しい友人の証言は、少なくともふみが哲学を学ぶことを切望し、女子大の教師たちにその希望を熱心に語っていたこと、ふみの能力を周囲が認め、注目していたことを物語っています。

東京女子大学の教育理念の具体的実践は、創立当初の学監で、二代目の学長となった安井てつによってなされました。安井の女子高等教育の理念とその誠実な人格は東京女子大のみではなく、日本の女子教育界に広い感化を及ぼしました。第二回卒業式の大学部卒業生総代として、ふみは安井の教育を念頭におきながら次のように語っています。

絶えず深き学殖《がくしょく》と高邁《こうまい》なる識見ともって懇《ねんごろ》に我等を教導し、学の真の意義と人格の尊厳を説き、あるいは現今の社会問題。婦人問題、政治問題、国際観における我国の位置などの諸問題につきて我等を啓発し給《たま》いしは諸先生の努力なりき。……将来末長き人生の航路において困難なる幾多の障礙に遭遇することあらん時、理想の光に照らされ知識の輝きに導かれて、善美なるものへの追究を怠ることなからん、価値の判断を誤ることなからん。かくして世界の潮流と社会の趨勢《すうせい》に随《したが》いて各自の選びたる最上の努力を以て邁進《まいしん》せんとす。

まさに、ふみはこの答辞通り「知識の輝きに導かれて、善美なるものへの追究」にその後の人生をかけていきました。その考えの基盤は東京女子大の教育で育まれたものであり、そのモデルの一人は明らかに安井てつであったと思われます。

2 哲学的関心を育む

当時の東京女子大学高等部のカリキュラムは、Liberal College（リベラル・カレッジ）として自由主義的であり、教養科目を重視したミッションスクールらしく、圧倒的に英語の時間が多く、ついで国語、歴史の時間、さらに倫理、哲学、神学などが開講されていました。また、周囲の友人が「微積分に興味をもち、童話や英語の小説を愛読した高橋さんは哲学者となり」（『東京女子大学創立十五年回想録』）と記しているように、ふみは数学にも熱心に取り組みました。妹民子に「哲学の基礎は数学にある」と話していたそうですから、おそらく高等部時代からすでにふみは哲学の学びを視野に収めていたのでしょう。また、数学が哲学の基礎であるという考えは西田の影響であったようにも思います。西田は岩波の雑誌『図書』に次のように書いています。

数学と哲学は無論同じくはないが、昔からしばしばいわれたごとく、どこか考え方に相通ずるものがあるように思われる。

（西田幾多郎「高木博士の『近世数学史談』」）

西田自身、高等学校時代に哲学の道に進むか、数学の道に進むかについて迷っていますし、生涯にわたって数学への関心を持ち続けています。また、後にふみはスピノザ哲学に関心を寄せますが、スピノザは西洋哲学史上で最も数学的で、透明な数学的知性で哲学体系を構築しようとした哲学者です。

ふみの在学当時、創設間もない東京女子大は溌剌《はつらつ》たる若々しい精神に満ちていました。そして、関心を同じくする学生たちは自然にグループを形成し、互いに切磋《せっさ》琢磨《たくま》しています。ふみは「新刊雑誌及びその折々の図書を利用して、お互いの思想を交換し、指導し合う」ことを目的としたサークル「小さき芽の会」に属していました。その会の先輩の一人高橋愛子は、次のように記しています。

私は校庭の芝生に図書館にあるいはそこここの教室に、先生を囲む幾つもの小さい群れとその未知に対する探究心と好奇心に輝いた目とを忘れることはできない。そして、探究に志す若きもの達の期せずして集ったこの団体から永遠的なもの、静かな精神の支配する光の国の生まれてくることを予感した。……丁度《ちょうど》人道主義の謳歌《おうか》時代で、教育よりは教養の価値が高唱されていたと同時に、女学校の画一教育で圧迫されていた個性が、外からの刺激と、創立当初の豊穣《ほうじょう》な苗床《なえどこ》の滋《じ》味《み》をうけて、急にむくむくと芽を出そうとした喘《あえ》ぎの現われでもあった。

（『東京女子大学創立十五年回想録』）

良妻賢母を主眼とした当時の高等女学校の教育は、人間としての天分を伸ばしていこうとするタイプの女性たちには、伝統的で国家的主義的な女性観を強要する教育として映っていました。新しい文化創造への道、新しい女性の生き方にふみを導いたものの一つは、新しい、小さな女子大学のグループの中にも存在した教養主義の理念でした。

ふみは『学友会雑誌』第二号（一九二二年）に「チェホフに就いて」というかなり長いエッセーを書いています。その中でA・チェーホフ（Anton Pavlovich Chekhov, 1860-1904）を「感激なく、胸底深く悲哀を籠《こ》めて、涙を呑みながら静かに、ゆるみなく、人生の実相を直視」した天才的芸術家として紹介した上で、このことは「偉大なる真の意味の哲学者にもなし得ること」と記しています。彼女は人間に課された暗い運命に目をそらすことなく観察したチェーホフの作家としての姿勢に、真の意味の哲学者と共通なものを見い出しています。

そして、翌年発行の第三号には「近時雑感」と題して、一九二三年の関東大震災で犠牲となった学友・藤室《ふじむろ》信子への哀悼と、それに関して学友たちの間でなされた非常識な言動に苦言を呈しています。その中で「真の教育の本義は知識を授けて生活の道具を備えしめることではなく、人間としてよき生活の態度の根本を形造らしめるところのものである」と記し、東京女子大の人格教育、情操教育が目指している本来の意味を確認するように学友たちに呼びかけています。

創設当時、多くの学生たちは地方出身者で、校内の寄宿者で暮らしていました。

学校からお腹《なか》を空かせて帰るとお盆にのせたお八《や》つのお芋《いも》やお煎餅《せんべい》が待っていた。時にはボッタラ焼が御馳走《ごちそう》されることもあった。夜は黙学の時間の終わるのを待ちかねるようにして三畳の茶の間に集まって先生を中心にお茶を飲んだ。故郷から送られた珍しい菓子などが持ち出され、またある時は当番を定めて近所の店舗から仕入れてくることもある。高橋お文さんはよくココアを御馳走して皆を感心させた。（同前）

女子大学の寮で後輩の勉強のためにローソクを拝借し、一時小説家を気どってタバコや酒を飲み、女らしい級友からはメフェストフェレス(10)と呼ばれたこともあったようです。数学に熱中し、哲学を志し、後輩のために規則を破り、ココアを御馳走し、メフェストフェレスと呼ばれた女子学生、そうしたふみは寄宿舎でも奇妙に目立つ存在でした。同級生や後輩たちは彼女に対して親しみを込めて「お文《ふみ》さん」と呼びました。名前に接頭語のおがつけられたのは、同じように哲学を志し、「ふみさん」と呼ばれた後輩・稲沼史《いなぬまふみ》と区別するためでもあったようです。稲沼史はベルリン日本人学校で高橋ふみの後任になった女性で、東京女子大学哲学科から東北帝国大学法文学部を終えた女性で、まさにおふみさんに続いた女性です。また、長命で一九九三（平成五）年まで生き、友人たちに「哲学ばあさん」と呼ばれたそうです。もし、おふみさんが長命であったなら、どう呼ばれたのでしょうか。

一九二四（大正十三）年六月七日、東京女子大学荻窪の新校舎の落成式と同時に、安井てつの学長就任式が行われました。その日は新たに設立された哲学科にふみが正式に編入した日です。就任式には文部大臣、東大総長などとともに、姉妹校となったアメリカのヴァッサー大学の代表エリザベス・アプトンが挨拶をしています。そのヴァッサー大学の日本人出身者代表の一人として当時津田塾教授であった山田琴《こと》も出席していました。琴は後に西田幾多郎の再婚相手になったクリスチャン女性です。また、その場には旧角筈寮の最後の舎監であった上野麻子《あさこ》も参列していました。麻子は舎監辞任後、西田幾多郎家の賄《まかな》いをすることになり、後年西田の二男外彦《そとひこ》の妻になります。当時西田は長男を失い、さらに「子は右に母は左に床をなべ、春はくれども起《た》つ様もなし」と詠まざるを得ないような苦難に満ちた家庭生活の中にありました。山田琴と上野麻子、二人は後に西田姓を名乗り、ふみの義理の伯母と従姉妹になった女性です。一九四五（昭和二十）年、すでに回復の見込みのないふみを二人は見舞っています。人の縁《えん》とはまことに不思議なものです。

翌年三月、ふみは大学部第二回卒業式で「入学以来薫陶せられたる高遠なる理想を抱懐して実社会に門出せんとす」と述べていました。しかし、実社会はもちろん、東北帝大入学までに一年間の空白があったこと、その間にはふみに結婚話があったことはすでに「序」で簡単に書きましたが、次に少し詳しく記したいと思います。

3　女性の生き方――芥川龍之介の手紙より

『未完の女性哲学者　高橋ふみ』を上梓してから間もなく、安宅《あたか》産業創始者・安宅弥吉のご子息（安宅重雄氏）の訪問を受けました。その時、重雄氏は女子大から帝大への空白の期間に、大阪のご自宅で「ふみ先生の家庭教師を受けました」と話されました。安宅弥吉が鈴木大拙や西田幾多郎の経済的な援助者であったことはよく知られていますが、西田の姪・高橋ふみとも関係があったことをその時初めて知りました。重雄氏はまた、ふみさんは「結婚する」という理由で家庭教師を辞められましたとも話されました。しかし、その時はそれがどういう縁談話だったのかよく分かりませんでした。

重雄氏とお目にかかった数カ月後、一九九八年十二月九日夜、日本思想史の研究者・平山洋《よう》さん（静岡県立大学国際関係学部）から、自宅にA３用紙九枚もの長いファックスが送られてきました。それは旧版の『芥川龍之介全集第二十巻』書簡Ⅳの最後の方の数頁から抜粋されたものでした。

その一行に私の目は釘付けになりました。「高橋文子女子より来翰《らいかん》、その中に西田さんの手紙も同封しあり、西田さんの手紙には〈真に人物がまじめにて将来発展の天分たしかならば、今の所少し苦しくとも面白いとおもいますが〉云々の語《ご》在之《これあり》」（芥川龍之介書簡ＯＲ氏宛、一九二五年八月二十五日付）という手紙です。

平山さんは当時、新版の『芥川龍之介全集』の「月報」に「芥川と西田」というテーマで原稿依頼を受けておられ、その資料を収集しておられる途上で上記の「高橋文子」の名前を見つけられました。平山さんは、その年の八月に旧西田幾多郎記念館（旧宇ノ気町）が開催していた夏期哲学講座に参加しておられました。そして、その講座では隣町の旧七塚町で開催されていた「高橋ふみ生涯展」見学のプログラムが組まれており、そこでの私の短い記念講演を聴いておられました。また、私の編著『高橋文の「フライブルク通信」』も読んで下さっていました。その彼が、今まで誰にも意味のあるものとして受け止められず、注目もされてこなかった芥川龍之介全集の一部分に目を止めて、「意味あるもの」として紹介して下さったのです。調査研究や資料調査にとって、研究者のネットワークや協力がとても大切であるということを実感させられた貴重な体験でした。

芥川が彼の書籍の挿絵画家であったOR氏に宛てた手紙をもう二つ記しておきます。

……それから西田さんより同封の手紙来る。西田さんも嘸《さぞかし》、君の病気を心配しているのはないかと思う。「民も心底云々」はこのあいだの逸話《いつわ》にでた民子女史が従姉のひとか何かに話した事だろう……

（芥川龍之介書簡、一九二六年一月二十一日付）

今日西田外彦氏夫妻並びに民子さんが来られた。西田氏夫妻の話を聞いてみても、そう根深く君の縁談の邪魔をしているとは思われない。就《つ》いてはあの手紙は西田さんの手もとへ行かないようにしてはどうか。それよりももし必要があったら、やはり西田さんと面談することにしてはどうか、右とりあえず当用のみ、どうも僕自身神経衰弱のせいか、荒立てずにすめば何事も荒立てずに解決したいと思う。

（芥川龍之介書簡、一九二六年四月一日付）

最初にあげた手紙は一九二五（大正十四）年八月であり、ふみ二十五歳、相手のOR氏は三十歳になって間もなくでした。二人の仲を取り持とうとしたのは西田幾多郎と第四高等学校講師時代の同僚であり、『善の研究』の出版にも関わった哲学者得能文《とくのうぶん》です。得能は当時、ふみがその年の三月に卒業した東京女子大学教授の職にありました。また、書簡に名が記されている西田外彦は西田の次男ですが、西田の長男謙《けん》はすでに他界していましたから、西田の代理と考えてよいかと思います。民、民子と記されているのはふみの五歳年下の妹高橋民子（後に太田育子）で、当時東京女子大学高等学部在学中でした。今はすでにない旧西田記念館にあった庭園（寸心園）の跡地には、「ふるさとの　藪蚊《やぶか》もへりぬ　寸心忌《すんしんき》」（太田育子）という句碑が残されています。

この縁談は、結局実を結びませんでした。ただ、芥川全集の書簡からは西田がこの結婚話にあまり賛成していなかったことが分かります。一つの理由は縁談相手のOR氏が少し足に障がいをもっていたこと、今ひとつは彼が画家だったということではないかと思います。小説とか、絵画とかいったもので飯を食っていくのは今も昔もそれほど簡単なことではありません。西田は自分の娘たち同様、ふみをとても可愛いがっていましたし、期待もしていました。また、名家であった西田家の総領として夫を失っていた妹の娘の人生に責任を感じていたと言うこともあろうかと思います。西田は戦死した弟憑次郎《ひょうじろう》が残した娘たちの生活にも心を砕くほど、一族の生活に気を配る側面もありました。

これらの手紙が書かれてから間もなく、芥川龍之介は服毒自殺をしています。その時大阪毎日新聞にコメントを求められて、西田は次のように書いています（西田幾多郎「第三者の批評」『大阪毎日新聞』一九二七年七月二十六日付）。

明晰な頭脳を持った人が十分考究《こうきゅう》の末決行したことに対して、かれこれと第三者が批評することは慎みたいと思う。特に平素《へいそ》芥川氏の作品など一向見ていない私などの考えは一層皮相的なものとなってしまうだろう。一体文学者などはある一つのことについて奥深くつき進んで行くのだから、大きい世界が見にくい憾《うら》みがあることは否定できぬようで、本人が至当であると考えて選んだ死も、果たして大きい眼で見て至当であるかは疑問である。文学者連が死についてあのような考え方をすることとは往々にあり得ることとは考えるが、しかし、私は特に込み入ったことを考えずに、神経衰弱の結果の厭世《えんせい》であると解釈したいと思う。（㉔八）

なんだか切って捨てたような文面ですが、ふみの縁談話の顛末《てんまつ》を少しだけ知っている者にとっては、この味気ない文面には西田の交錯《こうさく》する思いが透けて見えるような気もします。

もちろん、伯父に反対されたからという理由だけで結婚をやめたわけではないと思います。しかし、結婚をやめたことが東北帝国大学への進学を決断する、一つの後押しになったことは確かだと思います。この決断は伝統的な女らしさや女性の生き方を断念、ないしは先延ばしするということでした。ふみは家庭生活より、帝大で学ぶことを選択したのです。

(10) キリスト教の民間伝承に伝わる悪魔の名前で、Mephistopheles の原義は「光を愛さない者」。ゲーテは戯曲『ファウスト』のなかで，ファウストと契約し魂と交換に魔法の力でファウストの欲望を満たし、最後に破滅させてしまうという中世の通俗的なメフィストフェレス像を文学的に掘り下げ、さらに人間臭い世慣れた如才なさ、シニカルな機知に富んだ性格を与えている。

4

東北帝国大学時代——哲学研究者へ

1　女性に開かれた門戸──女子入学の波紋

一八八六（明治十九）年に帝国大学令が制定され、東京大学が帝国大学と改称されたのを最初に、一八九七（明治三十）年には京都帝国大学、一九〇七（明治四十）年には仙台に東北帝国大学が順次設置されます。東京に最初に設置された帝国大学への入学は、原則として高等中学校（間もなく「高等学校」と改称）の卒業者に限られていました。そして、明治期には女子には高等学校入学資格がなかったため、女子は帝国大学（いわゆる大学）に入ることはできませんでした。最初に門戸を解放したのは一九一三（大正二）年の東北帝国大学理科大学であり、東京帝国大学と京都帝国大学は、終戦まで女子の入学を認めませんでした。

一九一三（大正二）年八月の立秋が過ぎたというのに猛暑が続き、蝉時雨《せみしぐれ》が降る中、総長室に事務職員があわただしく一通の公文書を届けました。差出人は文部省専門学務局長松浦鎮次郎《しげじろう》で、総長は西田幾多郎が唯一の師と仰いだ東北帝国大学第二代総長・北条時敬《ときゆき》でした。

今年、貴学理科大学の入学希望者のなかに数名の女子が出願したとききましたが、これは試験のうえ撰科に入学させるお考えでしょうね。元来、女子を帝国大学（本科）に入学させることは、前例のないことであり、頗《すこぶ》る重大な事件です……。

文部省から入った突然の横ヤリ。当時、高等女学校以上の中等教育機関は官立では東京と奈良の女子高等師範学校だけで、私立の日本女子大学を含めて数校でした。世間にとっても、文部省にとっても、帝国大学の本科生として女子が入学し、純粋に学問を研究しようなどということは思いもよらないことだったのでしょう。ところが、北条総長自らが文部省に出向いて文部省を説得し、四人の受験生のうち、黒田ちか（化学科）、丹下むめ（同）、牧田らく（数学科）を入学させました。そして、彼女たちがわが国最初の女子帝大生となったのです。

新聞は日本ではじめての女子大学生を冷やかし半分に書く。町へ出ると人々の視線を浴びるという、今から思えばなかなか女性の立場が認められていない時代でしたが、私どもは意気込みにあふれておりました。

（黒田ちか「化学の道に生きて」）

黒田は卒業後、母校・東京女子師範学校の教員となり、やがてオックスフォード大学等へ留学、研究業績を上げ、一九二九（昭和四）年には、日本で二番目の女性理学博士となっています。現在、チカの出身校の後身であるお茶の水女子大学と東北大学の二大学に「黒田チカ賞」が設けられています。いずれも女性研究者の活躍を顕彰するために設けられたものです。丹下は大学院進学後に米国に留学。帰国後は母校日本女子大学の教授となる一方、理化学研究所の鈴木梅太郎のもとでビタミンの研究に従事し、農学博士となっています。牧田は黒田同様母校・東京女子師範学校に教員として戻りますが、洋画家・金山平三との結婚を機に退職し、孤高の画家と呼ばれた金山を支える後半生を送りました。

彼女たちはパイオニアの精神に満ちていましたが、女子入学者は続きませんでした。毎年二〜三人の入学者が見られるようになったのは一九二三（大正十二）年四月に東北帝大に法文学部が創設されて以降です。ふみは一九二五（大正十四）年四月十五日、法文学部の第三回入学生として入学し、一九二九（昭和四）年に卒業しました。

一九二九（昭和四）年の文科の卒業生は全部で三十名、ふみは石川県出身者、東京女子大学出身者として初めての女性学士となりました。哲学専攻は男四人、女一人。後に、男女共学について意見を求められた時、ふみは次のように語っています。

よい共学をするための大切な条件だと思うことは男も女も半々にすることです。女が一人で男が三人いても、それだけ女は負担が多くなります。男も女に対し方がちがいますから、……一クラスに私一人でした。講義の種類で三、四人一緒になることもありましたけれど。

（『婦人之友』「座談会」）

男のようなふみも、高女や女子大と違って男子学生の中では女性であることを否応なしに意識させられたようです。大学構内でのふみの着物姿写真が残っていますが、女子学生が学内を歩くだけで「目障りだ」と公言する学生や教授がいた時代でした。ふみに続いて帝大の門をくぐった後輩の梶井幸代さん（北陸学院短大名誉教授）は、当時を振り返って次のように話して下さいました。

着物の赤い裾がひらひらするだけでどなられました。

2　最高学府での学び

帝大入学当時、東京女子大でふみの卒論を指導した石原謙、「小さき芽の会」の助言者土居光知は東北帝大の教授となっており、彼らの指導の下、彼女の学問研究は順調にスタートしました。

東京、京都両帝大より設立の遅かった東北帝国大学法文学部は、創設にあたり両大学に負けない学問的実力をもつ教授陣を揃えようとしました。石原謙、土居光知の他、私学の早稲田出身で新聞記者から広島高師教授になった日本思想史の村岡典嗣《のりつぐ》、中学中退の学歴しかなかった国文学の山田孝雄、学生必読の書といわれた『三太郎の日記』の著者阿部次郎、後に名著『弓と禅』を書き日本文化の有力な紹介者になったオイケン・ヘリゲルなど、実力派揃いの多彩な教授陣でした。

始業の鐘がなると第十教室は満員になる。『三太郎の日記』でお馴染みの阿部次郎教授が和服姿で現われるとペンを握った学生の眼はひとしく講壇の方へ注がれる。……文科は勿論法科、経済科も聴くという素晴しい人気で、女大学生の出席も一異采《いさい》である。毎週木曜日の夜は同教授の面会日で、我々はこれを美学のサローンと呼んでいる。

（『東北帝大法文時報』第三号）

後に教育学者として功績を残すことになるふみの後輩林竹次《たけじ》が「我々の学生生活は教室よりむしろ教官の自宅面会日を中心に繰り広げられていた」と語っているように、文科の学生と教官との付き合いは緊密で、麗《うるわ》しい子弟関係がありました。ふみの卒業論文題目は「スピノザに於ける個物について」であり、直接の論文指導は高橋里美《さとみ》でした。高橋里美の他は、西洋近世哲学史の小山鞆絵《ともえ》、石原、ヘリゲル、そしてふみの入学後に東北帝大に移ってきた高橋穣《ゆたか》など、卒業後も交流を続けることになる優秀な指導者に恵まれていました。在学中のふみは哲学的には新カント派、スピノザ、ヘーゲルなどに関心を持っていたようですが、主に高橋里美、小山の指導によるところが大きかったようです。

高橋里美（一八八六―一九六四）は一九二七年までドイツに留学し、リッケルト、フッサールに学び、当時の流行思想であったハイデッガーを紹介した哲学者です。また、西田幾多郎『善の研究』（一九一一年）が出版された翌年、『哲学雑誌』の五、六月号に「意識現象の事実と其意味――西田氏著『善の研究』を読む」という長文の批評を発表しました。それは西田の純粋経験論に対する最初の本格的な哲学的な批判・評価として知られています。彼は『善の研究』の重要な価値を認め、それを「明治以来最初の哲学書」と評価し、「これによって日本人が哲学的創造にたずさわることに自信がもてるようになった」として、西田に感謝と敬意を献げました。これに対して西田は『哲学雑誌』九月号で「高橋（里美）文学士の拙書『善の研究』に対する批評に答ふ」をもって真摯《しんし》に応じました。これ以後も、高橋里美は西田を評価しながらも、一貫してすぐれた批判者であり続けました。伯父の批判的な理解者の下で、ふみは伯父の哲学が持つ可能性の大きさと問題点に深く触れていったのです。それが、将来日本人として初めての西田論文の独訳、西洋への紹介の一つの背景であったように思われます。

3　転換点——学ぶものから教えるものへ

一九二六年四月のふみの東北帝大入学以来、「おふみさんに続け」というかけ声に後押しされて、東京女子大から法文学部に、一九二八（昭和三）年に三浦（青山）なを[11]（日本思想史専攻）、翌年に磯部貞子（国文学専攻）らが入学します。二人ともふみよりは一つ年長でした。三人は仙台の山手で一軒家を借りて共同生活をしました。その時の彼女たちの共同生活の様子と微妙な心の動きを、青山なをがエッセー「悪寒」で書き残しています。

生涯の友人となる磯部貞子が入学した年の翌年三月に、ふみは帝大を卒業し、宮城女子師範学校で嘱託講師として英語を教えていました。その年の夏、ふみは東京の実家に帰省中のなをに次のような葉書を出しています。

> 私には一つの新しい転換が来ている。高橋里美先生と論じ、上田武と数度論じたことは私に一つの新しい世界を展開した。それは一つの救いに似ている。
>
> （青山なを「悪寒」）

一九二九（昭和四）年七月、半年卒業を遅らせた上田武の卒業論文発表会がありました。その翌日、彼女は恩師高橋里美の家を訪ねていますが、そこでふみは自分の人生を哲学にかけるという決断を告げたようです。高橋里美の家から帰ってきた時の、ふみ（文中ではTと略記）のようすとその時のなを自身の思いが次のように綴られています。

帰ってきて夕の食卓についた彼女は出かける前とは違っていた。深い喜びの和らぎと、強い緊張の疲れが煙のように顔の筋肉をゆるめ、細い目をうっとりさせていた。果たして彼女は語り出した。個体とか普遍だとか、体験とか理論とか、哲学の人生における位置とか、人間の救いとかいう理論が、聞いていれば入ってくるが真似をして言おうとするとわたしにとっては構成できない文句となって彼女の口から流れでた。……三年間哲学をやってきたTが、しかも話に解決が出せるかも解《わか》らないような大きな問題を対象にして語ることが自分にこの場合解ろうはずはないと思っていた。しかしそうして語るTの表情は私の胸にぴったり写ってくるのであった。崇高《すうこう》といったような感情、それにふれる深い魂の歓喜、解らないけれどもその感情を胸に吸うためにTの話を促すように聞いていていた。……今ひたすらに哲学の精進《しょうじん》に馬車馬的であることを願っている彼女。彼女の生活の全てに漂っているこうした彼女らしさは、私にとっては苦しい圧迫であった。（同前）

当時の女性にとって、専攻した学問を生涯やり抜くと決心し、歩み出すことは容易ではありませんでした。まだ、自己が専攻した日本思想史の道に専心する決断のつかないでいたなをにとって、日夜、隣の部屋でカントを読み、スピノザについて思索をめぐらし、まっしぐらに専門の道を歩み始めたふみは、圧倒される存在として映ったようです。青山なをは二年後、東北帝大の大学院に進み、日本思想史、女性精神史の研究者としての生涯を全うしています。

一九三〇（昭和五）年四月に師範学校規則が改訂されるにともなって、宮城女子師範学校にも専攻科が設置され、ふみはそこで哲学も教えました。しかし、それは嘱託という不安定な地位に過ぎませんでした。そのため、翌年には石原謙と安井てつの推薦で、羽仁もと子が校長であった自由学園に勤めることになりました。同時に新渡戸稲造が理事長を務めていた女子経済専門学校（現新渡戸文化短期大学）でも教えています。またこの年、すでに京都帝国大学を退官していた西田幾多郎が夏と冬は鎌倉で過ごすようになり、ふみにとって東京に出ていくことは当時の哲学界をリードしていた伯父と行き来ができる所に住むことでもありました。

（11）青山なを（一九〇〇―一九八五）は東京市出身、日本女性精神史の研究者。大学院卒業後は母校東京女子大学の講師に就任し、女性観研究、女性教育史に業績を残した。一九九六年に東京女子大学女性学研究所は、女性史研究奨励のために「女性史研究　青山なを賞」を制定した。

5

自由学園教師時代——教育・研究に伴う寂しさ

1　自由学園の教育理念

一九二一（大正十）年四月、雑司ケ谷《ぞうしがや》に開設された自由学園は、創立者羽仁吉一・もと子夫妻の教育理念を色濃く反映した学校であり、その精神が今も受け継がれています。

羽仁もと子が創刊した雑誌『婦人之友』は、現在でも全国に多くの読者を持つ婦人雑誌です。その一九二一年二月号に掲載された「自由学園の創設」の広告文を読んだ読者の家庭から二十九人の入学希望者があり、羽仁吉一・もと子夫妻の面接を経て二十六名が入学を許可されました。校舎はまだ建設中で、設計は、当時帝国ホテルの新築のために日本滞在中であった世界的な建築家フランク・ロイド・ライトでした。その名のように「自由で、かつ実生活に役立つ教育」を目標にし、一切の学校の仕事を生徒自身が責任分担して担い、簡単な洋服という以外に制服は定められていませんでした。自由学園は当初、単なる良妻賢母の国家主義的女子教育に堕することなく、自由に個性が成長するように、文部省の高等女学校令によらない五年制の女学校としてスタートしました。

ふみが上京して自由学園の国語教師になったのは、創立十周年を迎えた一九三一年四月です。良妻賢母的な高等女学校の教育から解放されて、学問に目を開かれた母校東京女子大学と同じように、自由とキリスト教的な精神を教育理念として掲げた自由学園に大いに期待しての赴任でした。「思想しつゝ、生活しつゝ、祈りつゝ」という羽仁もと子の掲げた指導理念は、哲学的思索とともに生きようと考えていたふみにとって、魅力的に映ったと思います。

しかし、赴任当初のふみは、生徒たちにとって異質な教師に見えたようです。羽仁もと子以外は、生徒も教師も洋装、断髪が普通であり、モダンな西洋建築の校舎を持つこの学園で、この新任教師はお世辞にも新しいとは言えない和服、丸マゲで教壇に立ったからです。

着任から三週間後、学園新聞の生徒記者二人が学園ホール前の石畳の上で、ふみ（先生）にインタビュー（立談会）を申し入れました。

記者　先生なぜ洋服にならないのですか？

先生　着ますよ。

記者　どうして早くなさらないのですか？

先生　二重生活がいやだからです。今まである着物と両方じゃいやだからね。でもいよいよ着物がなくなったら洋服を着ますよ。

記者　何時から？

先生　夏頃から着ようと思っています。
記者　先生髪も切ってしまってはどうですか？
先生　切るかもしれないね。便利でいいと思うね。でもあなた方の世界と違って私たちの間では目立つからね。目立つのはいやだから切らない。
記者　でも洋服なら目立ちもしないと思いますが。
先生　だから今に切っちゃうかもしれない。

（『学園新聞』第十五号）

そして夏休み明け、生徒たちは当時としては珍しいほど極端に刈り上げた断髪のふみを見ます。夏に学園の消費組合で注文した洋服が届くやいなや、その場で髪を切ってもらったのです。

ふみは生活面では合理的で、無駄を嫌いました。先の立談会の記事と同一紙面に、ふみの「苦言二つ」という文章が掲載されています。一つは教室での私語に対する苦言であり、いま一つは食事の時に、皿に残された「数個の米粒」についてでした。

百姓の辛苦を思えとか、今日一粒の飯を口に入れる事のできない人の事を思えということももっともである。しかし私は根本的な意味でかかる事はしてはならないと思う。

三粒や五粒の飯が、もうおなかが一杯で食べられないという事は考えられないから、この人達は飯粒の三粒位は何とも考えていない事を示す。これは習慣にもよるが根本はものを人格として見ないという事に原因する。ものを単にものとしてしか見られない人は自身又ものでしかない。ものをも人格と見る人はその人自身人格であるのみならず、その人の世界凡《すべ》てが人格である。何故ならばものと人格とは同じレベルに立つ事ができないから。この事は米粒だけに当てはまるのではない、ものに対する我々の態度を決定するものである。食べられぬ時は半《なかば》を残すも、なお一粒の飯を貴ぶ心の床《ゆか》しさを持つ必要はないだろうか。

一粒の飯粒は実にその人が人格の世界に住むか、ものの世界に住むかを決定するのである。(同前)

人格主義的な立場、そこには東京女子大学の人格主義教育と同時に、ふみが当時学んでいた哲学者スピノザの影響を見い出すことができます。思想に裏づけられた生活、それが自由学園のモットーであったにもかかわらず、ふみは着任早々、教育理念が反映していない生徒たちの姿にぶつかったのです。

2 文化の香り――モダンガール

後に近代の女性解放運動のリーダー平塚らいてふの優れた伝記を書いた伝記作家井出文子は、ふみを一種のモダンガールとして記憶しています。

足を外側にパッパと蹴るように歩くのは国語の高橋文子先生である。断髪で、お白粉けはなく、男のようなテキパキした口調だった。いわば、〝女らしさ〟を拒否したようないってみれば当時のモダンガールだった。わたしたちに鴨長明の方丈記のさわりを教えてくださったのは、多分先生だった。

ある日先生は生徒に自分の将来について作文を書くようにいわれた。わたしはごく取り止めのない感想を書いたのだが、その一部に「一度エレベーター・ガールになりたいと思ったけれど、馬鹿らしくなり止めました」と述べた。返ってきた作文のその部分に赤丸が大きくついていた。

当時〝ガール〟という言葉が流行し、マネキンガール・ガソリンスタンドガールなどの言葉や姿が目についていた。女性の職場進出がはじまり、わたしはこうしたスタイルに反応していたのだろう。東北帝国大学出身の先生は、自分の職業や精神の自立にかぎりない誇りをもっていられたに違いない。恐らく作文の丸はその思いにつながっていたのだろう。
（『自由学園同窓会誌』）

鋭敏な少女は「〝女らしさ〟を拒否したような」姿に「自分の職業や精神の自立」へのかぎりない誇りを見ました。昭和初期は大正デモクラシーの時代に育った若者たちが活躍した時代です。そうした中で、いわゆる西洋風の新しい生き方を志向した若者たちはモダンボーイ、モダンガール（略してモボ、モガ）と呼ばれました。たしかに、ふみもモガの一人ですが、平塚らいてふが「流行奴隷」と呼んだような、断髪洋装で銀座や丸ビルのショーウインドーを覗《のぞ》いて歩くような、軽薄で表面的な西洋文化の模倣《もほう》とは無縁でした。ふみが求めたのは「精神の自立」でした。

大正デモクラシーの一つの特色は、封建的なものに対する下からの抵抗運動だということにあります。例えば、平塚らいてふの青鞜社《せいとうしゃ》運動は女性解放運動として特筆すべきものです。この運動は封建的な差別観を否定して、女性もまた人間としての天分を伸ばさなければならないという一種の女流文学運動でした。らいてふの「元始、女性は太陽であった」という言葉は女性解放運動の標語でした。ふみはらいてふとは違って、組織的・政治的な婦人運動に参加した人ではありませんが、目指す方向には共通な面があります。学問・文化の創造という領域で、男性と対等な立場を求めて行動したふみの生涯は、らいてふや与謝野晶子などの解放運動や女流文学に比べて目立たぬ地味な領域だけに、ある意味では、より過酷で地道な取り組みを必要とし、強い意志に支えられねばなりませんでした。本来男も女もなく、普遍的であるべき学問の世界は、当時は男世界そのものでした、そうした領域で「女のくせに」とか、「女だてらに」とか言われながら、彼女は人間としての自分の天分を伸ばし、普遍的なものを探究しようとしたのです。まるで、らいてふが「新しい女」で示した女性像を現実化するかのように……。

ただ新しい女はいまだ知られざるもののために、自己の天職のために、研究し、修養し、努力し、苦悶する。

（平塚らいてふ『評論集』）

また、当時のふみの教え子であった吉田節子の回想は、鋭敏な若い魂が、知的に、文化創造に生きようとする姿とそれに呼応した生徒たちの姿をよく表現しています。

ドアをポンと靴で蹴ってお入りになる時、全身から文化が一緒に入ってくるように感じ、流石《さすが》だなーと先生に見とれる事もございました。

3　国語教師として──本を読む態度

自由学園国語教師高橋ふみは情熱的で、厳格な教師でした。始業ベルと同時に授業を開始し、私語は許しませんでした。学園新聞には読書の方法、読むべき本、論文のスタイル、書き取り競争の勧めなどを書き、そのたびに失敗を恐れず大胆に、根気良く学びに取り組むことが自由学園の美風だとして、生徒たちを鼓舞《こぶ》しています。ふみが学びに対して一生懸命さを求めたのは、子どもたちの可能性を引き出そうとしたがためです。

自由学園の教育に関して、生活指導は立派だが、最大の欠点は読書量が足りないことだ、とある学者に批判されました。そのため園長の羽仁もと子は、当時の女性として最高度の教育を受けたふみに生徒の読書力のレベルアップを期待し、彼女もそれに応えようと努力しました。例えば一九三二（昭和七）年の夏休みの宿題は次の通りでした。

一年生　ロビンソン・クルソー物語（小学生全集）

二年生　黄河の水、（これの手に入らない人は）西洋歴史物語（児童文庫）

三年生　ギリシア・ローマ神話（岩波文庫）

四年生　正法眼蔵随聞記《しょうぼうげんぞうずいもんき》、ハウプトマン著／織匠《しょくしょう》（岩波文庫）

以上は必ず読んで来て下さい。二学期の始めにはこの中から問題を出しますから。その他なお余裕のある人はアンデルセンやグリムのおとぎ話もよい。また上級の方は「千曲川スケッチ」「布施太子《ふせたいし》の入山」「ミル自伝」「ファーブル昆虫記」「坊ちゃん」「俊寛《しゅんかん》」等を読んだらよいと思います。なお他に詩歌に興味をもつ人は「啄木歌集」だの「藤村詩集」がよいと思います。（『学園新聞』）

ふみは人格形成にとって読書が最も重要だと信じていました。

我々の生活は複雑だから本を読むことだけが知識を広くしたり教養を深めたりする唯一の手段ではないが、しかし読書は我々個人の狭い体験の領域の中へ入ってこないような広い多方面的な深い人間生活を見せてくれる。この意味において読書は教養の「思想しつゝ、生活しつゝ、祈りつゝ、」には欠くことのできない重要な方面と思います。……

さて本を読む態度について注意しましょう。……単なる全体の理解に止るのではなくて、それを批判し、それに対して自分のはっきりした態度をとることができるようにしたいものです。（同前）

ふみは生徒たちに人格を磨くように絶えず勧め、そのために批判的な姿勢で読書することが重要であることを教えました。自由学園のモットーであった「学びが生活の中で実践されるように」が彼女の願いであり、国語教育や読書もその一つでした。

井出文子の伝える一つのエピソードは、ふみが教育の中に求めていたものの内実と彼女の生き方との関係を示していて興味深いものです。

三年学級の遠足は赤城山だった。遠足は生徒が主導するのは学園のならいで、先生はやや気楽についてきてくださるという形だった。この時級友の一人が病気になり、先生はかかり切りで看病された。が、それからしばらくして学園をやめられた。止められる前に教室で次のように話された。「自分はあまり人の看護などしたことがなかった。それがあの時人の下の世話まで懸命につくした。時がたち再び登校したその生徒に会ったとき、彼女は挨拶ひとつしなかった」と。その時先生の眼に涙が光っていた。私は不思議な気分だった。いまのわたしには級友の恥じらいもわかり、又、同時に先生の深い失望と怒りも理解できるように思う。女一人、さまざまな圧力に抵抗しながら生きてきた先生の感情は、本当にシリアスだったのだ。

（『自由学園同窓会誌』）

4　男と女——『婦人之友』座談会より

　自由学園と創立者（羽仁夫妻）を同じくする関係団体に「婦人之友社」と「全国友の会」があります。「全国友の会」は一九三〇（昭和五）年に『婦人之友』の愛読者によって設立された団体で、現在の会員は約二万人、日本各地から海外まで一八七の「友の会」があります。会員は『婦人之友』を核として、家庭生活の衣・食・住・経済・子どもの教育について具体的に研究し合い、実践し、学び合う会です。一九三二年から三三年にかけて、少なくとも三度、ふみは雑誌『婦人之友』が主催した「座談会」に出席しています。

　「男女共学実行可能の理論と方法」（『婦人之友』一九三三年三月号）には菅圓吉《かんえんきち》（立教大学教授）・志那子《しなこ》（日本女子大学教授）夫妻、杉森孝次郎（早稲田大学教授）などと並んで、自由学園教授の肩書きで出席しています。司会は羽仁夫妻です。こうしたテーマが掲げられたのは、自由学園が男女共学に移行する計画を持っていたからです。そこでふみは男女共学の大学で学んだ経験者として、賛成の立場から発言しています。

　家庭、結婚、性意識等に関する男女間の差別は「日本では女の人と男の人が同じ人格的レベル」をもったものとして認められてこなかったことに根本原因がある、という視点から発言しています。こうした封建的な男女の力関係を温存させてきたのは、それが「男にとって都合が良いから」であり、それに甘んじている「女の卑屈さ」にも原因があると述べています。

例えば、他の「座談会」で家庭における夫婦の呼び方が問題になった時に、「第一、夫のことを主人なんということが間違っていますね」と述べ、若い女性たちが夫を主人ではなく、名で呼ぶ麗しい傾向が現れていると発言しています。男女関係は人格的に平等であるべきだという信念を強くもっていました。それを実現させるためには、男女が同等のレベルの知的教育を受け、男女がさまざまな分野で活躍できる可能性を持つことを認識すること、女性自身が実際に社会の中で職場進出をすることが必要だとも述べています。それらの座談会での主張は、序で紹介した『岩波講座教育科学』の「女子高等教育の問題シンポジウム」の発言内容と呼応しています。

ベルリンの日本人学校の教え子早川（旧姓藤室）廸子《みちこ》さんは、次の二つの言葉でふみから「ハッパをかけられた」と書いておられます。

男女の間の差なんか、あれは教育が作っているんだよ。中学校と女学校の授業の内容の差を見れば、文部省のねらいが良妻賢母教育であって、女に学問はいらないとまだ考えていることはすぐわかるよ。

そんなことでは日本の女性はドイツの女性のように第一線では働けないよ。ドイツの女性は世界大戦の時、男たちが戦場に出たので、その代わりとして社会に出たんだ。そして戦争が終わっても仕事をやめず、家庭と職場を両立させようと努力しているんだよ。（『七塚町広報』一九九七年二月）

教育において育んできた人格性と専門性を生かして社会の中で、職業人として貢献すること、ふみが希求し主張した女性の在り方は、戦前の日本社会ではほとんど絶望的な道でした。

5 粛々とした寂しさ

自由学園時代は生徒たちへの教育に多くの時間を割かれながらも、生活の基盤である職業と哲学研究の両立を求めて努力を重ねた日々でした。彼女が生涯において唯一と言ってよい哲学論文「スピノザに於ける個物の認識に就て」（『文化』第一巻第五号）を公表したのは一九三四年十一月のことでした。

先述したように、この論文では、主にスピノザの個物の認識を神の認識との関係で論じ、個物の認識、すなわち人間の思惟《しい》の可能性と限界が考察されています。この論文の立場である批判哲学的な認識論には、新カント派の影響があります。個物の認識は神の「知的愛」に基礎づけられて成立する有限な認識であるという結論は、スピノザ解釈としては基本的なものですが、そうした解釈を導く論述過程に、彼女の哲学研究の精密さと深さ、豊富な哲学的知識が垣間見えます。また、人間の知的な営みのもつ豊かさへの信頼とその有限性の主張には、ふみの人生への視点が見い出されます。女性という生まれもった運命のもつ限界と可能性を知りつつ、その運命を愛して生きるということです。スピノザの研究は、ふみと帝大時代に同年に卒業した稲富栄次郎が『スピノザ研究』（一九三〇年）を刊行して以来、三木清や安倍能成《よししげ》など有力な哲学者の論文や著作が続々発表され、関心が高まった頃でした。その点で、ふみのスピノザ研究は当時の哲学界の潮流に掉さしながら、女性の視点でなされたものだと言うことができます。

『文化』に掲載されたふみの論文は、国内の学術雑誌に掲載された女性の手になる初めての哲学論文と考えられます。(12)しかし、当時のふみの職業は自由学園の国語教師であって、スピノザと同じように哲学研究と生活のための職業の連関はほとんどありませんでした。現代においても、「フィロソフィア（哲学）の精神」をもって生きることと生活のために働くことの間に乗り越えがたいギャップがあることは言うまでもありません。

当時、ふみは東北帝国大学出身の東京在住者で組織された「東北帝国大学哲学会」に積極的に参加して切磋琢磨しています。この会は後に日独文化協会の母体となり、晩年のふみの活動の大切な舞台になります。当時の東北帝国大学哲学会の写真の中にふみと一緒に写っている男性たちの何人かは、高等教育機関の哲学教師になっています。

女性の宗教哲学研究者の先駆けの一人となる徳永茅生《かやお》や東北帝大卒業生の磯部貞子、折橋治代《おりはしはるよ》などとともに「女性学士の会」という集まりを持っています。ふみと磯部が住んでいた東京駒込の下宿で開かれた「女性学士の会」の様子を、「しっかり勉強しよう」という題で以下のように紹介しています。

志は一つ。しかしこの志と経済的独立を得ることとが合致しないことはいつの世も同じこと。ともすれば多忙な仕事が究学心を蝕みさえするのである。男性のように、至る処、同志を見い出して鞭撻《べんたつ》されることのない私共は、こうして寄り合ってお互いに励まし合うことが要求される。各々専門が違うので、専門的研究の発表とまではゆかないが、各々がその生活と環境から得た人生観を語る時には実に多弁でもあり、深刻でもある。かつて東北帝大の控室で弁当を開きながら語り合ったところといかにその内容の異なる事か、皆の足が地について来たのである。働くことと、学《がく》することに喜びと誇りをもちつつ、いろいろの意味で、自己を、社会を、完成してゆこうという情熱は、働らかざりし昔日《せきじつ》の比ではない。「貧乏を漸《よう》く克服した」、「欲しい本がやっと買えた」等々の前提をもって語られる十人十色の生活記録と人生観に、お互いが、感嘆し、敬服し、慰藉《いしゃ》し、激励し合うのである。そして結局は勉強するより他にないというのが結論である。「しっかり勉強しましょう」これが、五時間も六時間も喋《しゃべ》り続けた後の別れの挨拶なのである。私はこの人たちの後ろ姿を見送りながら、非常な心強さと同時に心のどこか我ながら知らぬところに粛々《しゅくしゅく》として寂しいものを感ずるのである。——勿論これは私一人の感じであろうが。

（『婦人之友』一九三四年四月号）

「志と経済的独立を得ることとが合致しないことはいつの世も同じこと」と記されていますが、ふみの志とは「哲学する」ことであり、「エロスの精神」、「フィロソフィアの精神」をもって生きることです。そして当時のふみの「経済的独立」は、中等教育の国語教師であることによって得られていました。

ふみの感じた「寂しさ」は、学究生活のために家庭生活をあきらめ、孤独な作業である研究を続けている自己の姿を、帰って行く同志たち（女性研究者）の中に見い出したからでしょうか。あるいは、自由学園の国語教師という職業において、自己の理想とする「フィロソフィアの精神」

を十分に遂行できないでいる自己の姿を見い出したからでしょうか。

いずれにしろ、「粛々として寂しいものを感ずる」と書いた二年後、ふみは「フィロソフィアの精神」を第一とするために、安定した自由学園教師の地位を辞して、三十四歳で海外留学する道を選びます。

（12）先述した菅支那子は一九二七年にアメリカでPhDを取得しているが、博士論文の刊行は確認できない。

6

飛躍——大都市ベルリンでの留学生活

1 渡航の船の中で――異文化体験の始まり

東京女子大学の『同窓会月報』はふみが提案して作られたものですが、その一九三六（昭和十一）年三月号の「あとがき」に、次のように書かれています。

高橋文子さんの「女子教育に於《お》ける知識の問題に就《つい》て」は去る一月八日ラジオで放送されたものです。高橋さんは今月二十九日に横浜出帆の箱崎丸でドイツに留学されることになりました。……どうぞ元気で行っていらっしゃい。

ふみを乗せた箱崎丸は、三月三十一日横浜港を出航しました。鎌倉の西田幾多郎に挨拶をした後、ふみは母や兄弟たちと横浜に向かいました。横浜では郷里木津からわざわざ見送りにきた人々、自由学園関係者、東京女子大の同窓生、東北帝国大学哲学会、女性学士の会の仲間たちが待っていました。親族と結んだテープが切れた後、ふみは羽仁もと子から贈られた花束を姿が見えなくなるまで振りました。

ふみのドイツ留学に際して、当時の倶利伽羅《くりから》不動寺住職・金山穆韶《かなやまぼくしょう》が贈った餞《はなむけ》の書が木津の実家に残されています。

持巻欲行北欧郷　巻《かん》を持《じ》して　北欧《ほくおう》の郷《さと》に行《い》かんと欲《ほっ》す
柳條三月別情長　柳條《りゅうじょう》 三月　別《わか》れの情長《じょうなが》し
鵬程萬里何時到　鵬程萬里《ほうていばんり》　何時《いつ》か到《いた》らん
甚憶総帆渡海洋　甚《はなはだ》憶《おも》ふ　総帆《そうほ》の海洋《かいよう》を渡《わた》ることを
送高橋女史遊学独逸　高橋女史の独《ド》逸《イツ》遊学《ゆうがく》を送《おく》る

真言宗の名僧・金山穆韶の餞の言葉のように、フランスのマルセーユまで約五十日間の船旅、そこから列車で無事ベルリンに到着しました。

ふみの留学費用の一部は、岩波書店の創始者岩波茂雄の奨学金でした。近代日本の学術を出版事業によって支えてきた岩波書店は、有望な若手研究者の海外留学を積極的に支援しており、ふみにはその第二回目の奨学金が贈られています。これには当時、その著書の大半を岩波書店から刊行していた伯父西田幾多郎の助力があったようにも思われますが、岩波自身も女性哲学者としてのふみの可能性に期待していたと考えられます。ふみが最初に哲学の学術論文を掲載した雑誌

『文化』は岩波書店の発行でしたし、『岩波講座教育科学第十八冊』所収の「女子高等教育の問題シンポジウム」では最も若いシンポジストでした。

当時の女性の留学先のほとんどは米英でした。ふみはドイツに留学しますが、それにはいくつかの理由が考えられます。一つはドイツにおける哲学的伝統であり、当時の日本の哲学研究者、特に西田の影響を受けた京都帝大出身の哲学研究者、ふみの東北帝大・東京女子大の恩師たちの留学先はほとんどがドイツでした。第二は経済的理由です。当時のドイツは他の先進諸国に比べて物価が安く、日本人留学生の多くが費用の関係でドイツに渡りました。第三にはふみの東京女子大学時代の友人藤室（旧姓横山）信子が三井商事の駐在員であった夫とともにベルリンに滞在していたからだと推測できます。第四は当時の女性研究者の多くはアメリカのキリスト教会の経済的援助を受けたミッションスクールの出身者でしたが、ふみは最終学歴が官立の東北帝国大学であったことです。

四月四日午後三時、箱崎丸は門司港を出ました。天候に恵まれ、波は静かでした。しかし、船は玄界灘にさしかかるとひどく揺れ、海辺の村で育ち、小さい頃から釣り船によく乗せてもらっていたふみですが、ひどい船酔いにかかって寝込んでいます。

はるばると仰ぎ見る故国の山　済洲島《さいしゅうとう》と人は告げけり

韓国語でチェジュ島と呼ばれる済洲島から、船は上海を経て台北に入港しました。そこでふみは日本の新聞を買っています。当時日本に併合されていた韓国や植民地化されていた台湾は、日本の一部でした。インド洋までの船旅は、自国と西洋の植民地支配に否応《いやおう》無しに触れる旅でした。船は香港、シンガポール、ペナン、コロンボ、アデンを経由して、スエズ運河から地中海へと進みました。それらの寄港地はすべてイギリス植民地であり、こうした港に入港するたびに、彼女は統治者である英国人と現地のアジア人との差別を実感し、日記に記しています。例えば、香港では、白人以外はゴルフ・テニス場等には入場できないことを知りました。もちろん、それは同じアジア人である日本人も例外ではありませんでした。ふみは整備された香港やシンガポールの道路、街の清潔さ、瀟洒《しょうしゃ》な建築に西洋文明の豊かさを実感すると同時に、西洋人のアジア支配と同じような道を歩む自国のアジア諸国に対する軍事的な支配に懐疑の目を向けています。

理屈っぽいふみは、船の中でさまざまな人物と議論をしたことも日記に記しています。二・二六事件、能と芝居、藤村の『夜明け前』、鎖国、男女問題、教育問題等々、テーマはさまざまでした。数日寄港したシンガポールの教会では、牧師の依頼で二・二六事件をテーマに話をしています。また、船の中では読書や勉強以外に、マージャンをしたり、映画を見たり、デッキゴルフをしたりして過ごしています。特に、デッキゴルフで一等、二等船室対抗の試合をやり、ふみたち二等組が一等の文部省派遣の大学教授たちに勝ちました。その時のことがさも得意げに日記に記されています。どこまでもふみは負けず嫌いでした。

日本人だけでなく、アメリカ人、イギリス人、タイ人、フランス人、ノルウェー人等との五十日の船旅は、肌が触れ合うような異文化体験でした。ふみはそうした異文化体験の中で、自己の内にある民族意識に目覚めると同時に、故国と離れるに比例して郷愁を深くしていきました。

四月二十九日の天長節《てんちょうせつ》（天皇誕生日）には、デッキでささやかな式典がとり行われました。

船員も客も並んで遥かに東方に向き、最敬礼をし、君が代を二唱する。船の中でしかも船が紅海に入って唯中を歩いている時に、日本を離れたる感しみじみとしている時に、君が代を歌えば自《おの》ずから涙頬《ほお》を伝う。ああ我もまた日本人なるかな。日本に生まれて日本を愛せざらめや。しみじみと故国を思う事深し。

（「日記」）

こうした船の中での異文化体験による民族意識の自覚と哲学的精神は、以後のドイツ滞在でさらに深められ、自己の内にある「日本文化」の特質を根底から理解するようにとふみをうながしていくことになるのです。

現代のように半日程度でヨーロッパに着くのとは異なって、当時の長い渡航期間は留学生には異教の地に渡る覚悟と順応の時、そして思考の時を与えたように思えます。

2 ベルリン大学とドイツ語翻訳のきっかけ

マルセーユに入港し、列車を乗り継いでベルリンに到着したのは、五月の中旬でした。重厚な石造りの建築物が建ち並び、ドイツらしい緻密な都市計画によって築かれたこの街にも、ドイツ人が「美しき五月 Schönes Mai」と呼ぶのに相応しく、ライラック、石楠花《しゃくなげ》、躑躅《つつじ》、矢車草《コーンブルーム》などが咲き揃い、ウンター・デン・リンデン（Unter den Linden）ではその名の通り、菩提樹《ぼだいじゅ》（リンデン）の若葉が鮮やかでした。

一八二四年から一九四五年までフリードリッヒ・ヴィルヘルム大学、現在はフンボルト大学と呼ばれるベルリン大学からは、特に第二次世界大戦前は世界的な学問的業績、逸材が輩出されました。哲学の分野では、一八一八年にヘーゲルが教授として招かれ、壮大な哲学体系を構築して以来、シェリング、フィヒテ、ショーペンハウアーなど近代哲学史を飾る天才的哲学者たちが活躍し、十九世紀には世界の哲学界に君臨する大学でした。戦後は旧東ドイツの大学でしたが、一九八九年の東西ドイツの統一とともに以前の栄光を取り戻しつつあるようです。現在も当時の面影をとどめている大学本館は、学問の府にふさわしい重厚な石造りで、正面には学生を導くかのように、大学の創始者であり言語学者でもあったK・W・フンボルト（Karl Wilhelm von Humboldt, 1767-1835）の銅像が建てられ、学内の壁には歴史に名を遺す有名教授たちの肖像画が掛かっています。

ふみが最初に通ったのは、大学付属の外国人のためのドイツ語学校でした。語学学校は五月十九日に始まっていましたが、ふみが最初に登校したのは六月八日の日曜日でした。その時の受講生は二十四人、内女性は四人でした。彼女がここを修了したのが翌年の三月二十日で、帰国直前の一九三九（昭和十四）年八月に国家試験を受けてドイツ語教師の資格を得ています。この卒業証明書（DIPLOM）がかほく市の実家に残されています。また、語学学校を終えた後も、ヘルツフェルドという女性を家庭教師に頼んで、ドイツ語とラテン語を学んでいます。

語学学校へ通いながらも、彼女は大学で教育学者・文化哲学者であったシュプランガー（Eduard Spranger, 1882-1963）の講演を聞いたり、下宿先でキルケゴールやスピノザ等を読んだりしています。正式にベルリン大学の講義に出るようになったのは、語学学校修了直後の一九三八年四月からです。ハルトマン、スプリング・マイアー、オーデルブレヒト等の講義を聴いていますが、E・ハルトマンの近世哲学史以外はあまり面白いとは感じなかったようです。

一九三六(昭和十一)年九月十九日の「日記」に「シュプランガー教授夫妻に茶の招待に預かる。……人形と扇をもっていった。シュプランガーはPhychologie des Jugendalters(青年心理学)に署名してもらう」と記しています。シュプランガーはディルタイ(Wilhelm Christian Ludwig Dilthey, 1833-1911)、リッケルト(Heinrich John Rickert, 1863-1936)等の影響を受けて、文化哲学に基づいて心理学と教育学を構築しようとした学者で、日本の教育学にも大きな影響を与えた人物です。シュプランガーはふみが訪問した翌年に日本を訪れ、四月~五月にかけて何度か西田と会っています。この時のシュプランガーの勧めで、西田の著述の最初の独訳、シンチンゲル訳「ゲーテの真景」(一九三八年)がベルリンで刊行されます。そして、その翌年一九三九年八月に同じプロイセン科学アカデミー(Die Preußischen Akademie der Wissenschaften)からふみの翻訳で西田「形而上学から見た古今東西の文化形態(Die morgenländischen und abendländischen Kulturformen in alter Zeit vom metaphysischen Standpunkte aus gesehen)」が刊行されています。とすれば、ふみの独訳の刊行もおそらくシュプランガーの推薦であったと考えてもよいではないかと思います。ふみがシュプランガーに招待されたのは、シュプランガー訪日の前年であり、以後も何度か会ったと推測されますから、シンチンゲルの翻訳やシュプランガーの西田訪問にも、ふみが間接的な関わりをもっている可能性があります。また、ふみは西田の哲学を本格的にドイツに紹介した最初の日本人であり、西田哲学の西洋への紹介に大きな役割を果たしているのです。

3　日本人学校教師としてのジレンマ

一九三〇（昭和五）年代初頭のベルリンはヨーロッパの経済・学術の中心都市であり、大使館員、商社の駐在員、留学生やジャーナリストなど、多くの日本人が滞在していました。駐在員の子どもたちの中には約十五名の就学児童がいました。現地での教育を希望した父母たちは、話し合って、一九三六年春から正式に日本人学校を開設することにしました。その最初の教師を依頼されたのが「共同通信」の記者であった樽井《たるい》近義《ちかよし》とベルリンに来たばかりの高橋ふみでした。教師に就任することは留学前から決まっていたようで、ふみの下宿先は日本人学校と同じ通りの反対側、バーベルスベルガー通り（Babelsberger Straße）六番に、父母が用意しました。下宿の建物は現在新しいオフィスビルになっていますが、日本人学校のあった建物は戦争で破壊されたにも関わらず、ほとんど当時のままに復元されています。

おそらくベルリン日本人学校の構想は、ふみが留学でベルリンに来ることが一つのきっかけでした。学校の創設に東京女子大学の高等学部時代の同級生で、三井商事のベルリン駐在員を夫にもつ藤室信子が関わっています。友人の信子はふみの留学を聞いて教師として推薦したのです。ベルリン滞在中、ふみは週末には多くの時間を藤室夫妻と過ごしています。特に郊外の保養地ネドリッツには家族の一員のようによく出かけ、藤室家の子どもたちである迪子《みちこ》と篤彦《あつひこ》の世話も時々頼まれていています。

日本人学校で第一に目標とされたものは「日本人としての教育」でした。ふみは授業の傍《かたわ》ら、ドイツ語を話す少年・少女たちに可能な限り日本と日本の文化について紹介しました。記紀神話、日本の歴史、日本の文学から、皇室の菊の紋章の由来まで、ふみは幅広く、熱心に教えています。生徒たちはふみが色紙に記してくれた一茶の句や芭蕉の句を、今でも大切に保存しています。また、生徒たちを博物館や美術館など、市内見学によく連れ出しています。ベルリンの歴史、市内の教会の由来、ドイツと日本との関わりなど、ふみの話は生徒たちにとって時として高度な内容でしたが、聡明な教え子たちは今でもかなりよくふみの話を記憶しています。例えば、教え子の一人、早川（旧姓藤室）迪子は、ベルガモン博物館で聞いた考古学者カール・ヒューマンの苦労話などをよく覚えていました。それらは、ふみの教師としての力量と雄弁さを物語っています。また、その誠実で博学な教師ぶりゆえに、父母と生徒からの信頼が篤《あつ》かったといいます。

しかし、日本人学校の教育に熱心であればあるほど、ふみの授業時間は増えていきました。父兄たちに信頼されて、頼まれごと、食事への招待等が増えるに従って、内には焦りに似た気持ちが生まれていきました。留学目的であった哲学研究に専心できないがためです。こうした気持ちを、当時文部省派遣の外地研究員として、ベルリンに滞在していた恩師高橋穣にしばしば打ち明けています。

高橋先生より、朝手紙を受け取る、親切なる手紙、涙自ずから頬を下るを止め得ず、日本人学校にあいそをつかしている私を戒《いまし》めるのに名工の苦心をもってす。先生なるやと思う。有難さ身にしみてつくづく一考せざるべからずと思う。……夜藤室氏邸にて真垣《まがき》夫妻に会う。金沢人の話などでて、極めて愉快なりしも、いつもああした会に行っての帰りは後悔に似たる気持ちせざるを得ず。また、学校をやめようかと思う。田舎に行きたし。（「日記」）

ふみの悩みに触れると、つくづく学問研究は孤独で禁欲的な作業であると知らされます。若き西田幾多郎は欲望を断ち、学問に専心するために参禅しました。「田舎に行きたし」、そこには学問の道への志と現実生活の葛藤の間で揺れ動く、自由学園時代と同じふみの姿があります。

4　ベルリン・オリンピックと日本人の血

第十一回オリンピック・ベルリン大会が開催されたのは一九三六年八月一日～十六日です。ふみは『時事新報』の在ベルリン特派員として、オリンピックの直前情報と観戦記事を書いています。第一報（七月三十一日、八月二日、三日紙面掲載）の記事は「婦人子供も沸き立つ『オリンピック熱』その一色に染まった伯林から（上）　本社特派員　高橋ふみ子さんの便り」という見出しで、次のように書かれています。

ホッケーが何やら、野球の規則がどんなものやら、今までスポーツにさっぱり興味の無かった私もこの二、三週間と云うもの、新聞を手に取れば必ずスポーツ欄を見るようになったほど、伯林はオリンピック熱が高まって来ました。行く所としてオリンピックの話の出ない所はありません。……なりも低いし、顔も黒いし、姿もなっていないが、日本の女性は立派なスポーツ精神を持っていると云はせたいと念じています。そして、これが我々伯林に住む日本女性の同じ思いであろうと思います。

なんだか日本の女性選手をけなしているのか、期待しているのか分からないような文章ですが、日本女性の現実に対する厳しい評価と活躍への期待が入り混じったふみらしい文章だと思います。オリンピックが始まってからは、新聞記者席で毎日観戦し、記事を日本に送りました。数列離れてはいましたが、ヒットラーの背後に座ったこともありました。

スタジアムで陸上競技前半の話題をさらったのは、アメリカの黒人選手ジェシー・オーエンスでした。彼は百、二百、四百メートルリレー、走り幅跳びに優勝し、このオリンピックのヒーローになっただけではなく、同じく四冠を達成したカール・ルイスが五十年後に現れるまでは、最も偉大な短距離走者と言われました。それに比して、前半戦の日本選手団はまったく振るいませんでした。オリンピックが始まってから五日目、ようやく田嶋直人が三段跳びで金メダルを獲得し、二位にも原田正夫が入りました。当時、三段跳びは日本のお家芸で、日本人選手としてオリンピック三連破の偉業を達成したのでした。日本人観戦者は待望の「日の丸」が一度に二本も掲揚されることになり、全観衆が一斉に立ち上がって熱狂的に「君が代」を歌いました。その時の感激をふみは次のように書いています。

国旗掲揚と同時に、楽隊が「君が代」を奏するのである。……私はかねがね、そんな時には日本の国家を歌う人は少ないだろうから、うんと大きな声で歌ってやろう、そしてたびたび歌っているアメリカ人やドイツ人にも決して負けるではないと張り切っていた。ところが実際に「日の丸」が揚がり始め、「君が代」が奏せられると、私はまるで声も出し得ないほど、泣けて泣けて仕方がないのである。何で涙が出るのか分からない、訳も分からない涙がせき上げてくるのである。私はもともとこんなに涙もろくなかったのだ。一体どうしたのであろう。何とかして涙を止めようと思うのだが、どうしても止らない。「日の丸」は翩々《へんぺん》として風に乗り、荘重な「君が代」は全スタジアムを圧している。待ちに待った今この時こそ歌わなければと思うのだが、涙がつかえて声が出てこない。ようやく「君が代」を半ばすぎてから歌いだす。ああその声の何と貧弱なることよ！　私の声はもっと大きかったはずだ。しかし張り上げても張り上げても貧弱だ。否、張り上げれば張り上げるほどしわがれてさえくるのである。……それは、今までヨーロッパ人の歌のみきいていて、その歌い振りの精力的、その声量の大きさに慣れてしまい、貧弱な体の自分も、あたかも彼らと同じように歌えるかのごとく思い込んでいた結果、私の声が急に貧弱でどうにもならぬものに思われたにすぎないのである。私自身の声は物理的には日本にいた時と、別に差異があった訳ではないのである。私は牛の真似をして腹を破裂させた蛙の話を思い出し、我ながらおかしくなった。顔を上げると、二行ばかり前のアメリカ人らしい女がこちらを向いてニヤニヤ笑っている。彼女にしてみれば変な声を出した者の顔が見たかったのであろうが、私は彼女の顔を見るや否や途端に腹が立ってしまう。「何くそ！」とその女の顔をにらみ反《かえ》してやる。誰か他に笑っている者はいないかと後を振向いて見たが、幸にそれらしい表情を浮べている者は誰もいなかった。

（『高橋文の「フライブルク通信」』）

ふみはこの時から自分の内にある「日本人の血」をさらに明瞭に意識し始めます。スポーツは、人々を期せずして愛国者、民族主義者にするらしく、これは何ら非難されるべき事柄ではありません。ふみは、日本国内では「敢《あ》えて国を憂《うれ》うるの士をもって自ら任じたこともなければ、特に日本を強調して考えたり、語ったりしたこと」はありませんでした。しかし、オリンピックの日の丸や君が代の演奏には自然に涙が溢れてきたのです。恩師高橋穣の言った言葉を彼女は実体験として味わったのです。

我々日本人はね、みんなヨーロッパへやってくると、蝸牛《かたつむり》のように背に殻を背負って歩いているのだよ。日本という殻をね。これはことさら愛国者をもって任じていない日本人でも、皆同じだ。この殻が後にくらいついているもので、怒らなくてもよい時に怒ったり、喜ぶことでもないことに喜んだりするんだよ。ものを見ればすぐ日本のものと比較しては、優越を感じたり、悲観したりするんだ。

（同前）

翌日のドイツの新聞の夕刊には「日本勝って泣く」という見出しが躍《おど》りました。入賞した二人の選手が、手をとり合って泣いたのがドイツ人には珍しく不可思議だったのです。新聞は「大和魂」について解説し、西洋人に不可解なその事実を解釈し、理解しようと試みました。しかし、私たち日本人には「勝って泣く」選手の心情は誰にでも分かり過ぎるほどよく分かるのではないでしょうか。ふみはこの時ほど「血の違い」を感じたことはないとも書いています。この出来事の後、こうした心情、私たちの中に存在するものの考え方、見方、感じ方、それを自覚し、西洋人に伝えることがふみの課題の一つになりました。

最後のマラソンでも、日の丸をつけた選手が優勝しました。それは日の丸を付けた朝鮮半島出身の選手孫基禎《そんきてい》でした。祝福するスタンドの人々の中にふみもいました。立ち上がって祝福するふみや日本人学校の生徒たちの応援する姿が、リーフェンシュタール女史（Berta H. A. Riefenstahl, 1902-2003）制作の有名な記録映画『民族の祭典』に映っています。世界最初のオリンピック映画といわれるこの映像には、通り過ぎる映像の一コマ一コマに、歴史の中でもて遊ばれるさまざまな人生が映し出されているような印象を受けます。先に記した日本人が君が代を歌うシーンも、実写されています。オリンピックにも制作者にもさまざまな否定的評価がありますが、映画そのものは一見の価値があると思います。

5 日本文化の紹介を志す

西田論文の翻訳だけでなく、ふみは公刊が確認されるだけでも二編の論文をドイツ語に訳しています。それらは、一九三八（昭和十三）年と一九三九年に、ベルリン大学の日本学研究所と東京の日独文化協会が共同刊行していた雑誌『NIPPON（日本）』に掲載されています。「藤村の若菜集（Wakanashû von Tôson, Von Professor M. Doi, Übersetzt vonFumi Takahashi）」と「万葉集（Manyô-shû, Von Professor M. Doi, Übersetzt vonFumi Takahashi）」の翻訳で、原著者はM. Doi教授となっています。M. Doiとは、東京女子大、東北帝大の恩師土居光知《こうち》です。土居は日本英文学会長も務めた英文学者ですが、古典学者でもありました。名前のMは光知を通常の呼び名「こうち」ではなく、「みつとも」と読んだ場合の略だと考えられます。「万葉集」は論文というよりは、万葉集の短歌を自然の歌、旅の歌、恋の歌等に分類したものにすぎませんが、それをドイツ滞在二年目にドイツ語訳するふみの力量には敬服です。石川県西田幾多郎記念哲学館には未刊行の英文原稿が残されていますが、これはおそらく土居光知の原文でしょう。近年では外国語の短歌も珍しくはありませんが、土居やふみはこの時代にすでに短歌を独、英語に翻訳、紹介しようと試みていたのです。こうした試みが彼らに先だって日本人の手でなされたことはあったのでしょうか。当時としてはこの翻訳は非常に斬新で、大胆な試みだったと思われます。ただし、彼女にとっては短歌の翻訳そのものではなく、典型的な日本文化である短歌や近代詩人の代表的な詩を通して「日本人の心」をヨーロッパ人に紹介することが目的だったと思われます。

それらの論文が刊行されたのはフライブルクに移ってからですが、実際に彼女が翻訳したのはベルリン時代です。なぜ、ふみは日本の古典文学に関する論文を翻訳しようと思い立ったのでしょうか。ベルリンで彼女が経験したのは、自分の内にある民族的なものの自覚と同時に、ヨーロッパ人の誤解に満ちた、驚くほど軽薄な日本と日本文化に対する理解でした。

例えば、一九三七年の冬、ノーレンドルフ広場（Nollendorfplatz）の劇場にゲイシャというオペレットの公演があり、二カ月を通して大入り満員でした。ふみは音楽家の友人坂本夫妻に誘われて見に行きました。彼女を驚かせ憤慨《ふんがい》させたのは、大小の提灯をつるし、怪《あや》しげな字を書いた色とりどりの紙をひらめかせ、一面に桜の花を配した、まるで浅草の芝居のような舞台だけではありませんでした。天皇が恋慕《こいした》う芸者を英国領事と争い、芸者はいったん領事のものになり、領事の寛大な心によって芸者が天皇と結ばれるというその演出に対してでした。

当時のヨーロッパ人の日本理解のよりどころは日本のフジヤマ、ゲイシャの宣伝ビラや、よくてせいぜいヴェルデイの『蝶々夫人』やロチの『お菊さん』でした。ふみはそうした表層的な日本や媚《こ》びを売るような日本の紹介に我慢がならなかったのです。ドイツで日本人であるということを意識せざるを得なかった彼女にとって、それは自己の人格を傷つけられたような屈辱的体験でした。

ある日フライブルク市立劇場の舞台監督が、ふみに会見を申し込んできました。彼は宝塚少女歌劇団が海外遠征で演じた「勧進帖《かんじんちょう》」に感激して、彼女に意見を聞きに来たのです。日本の美の精粋を集めた歌舞伎《かぶき》が、西洋風のオペレッタの類と混同されていることにもふみは我慢がなりませんでした。

ふみは宝塚と歌舞伎の違い、歌舞伎には女優を用いないこと、歌舞伎役者の教養の高さ等について語り、さらに「真実の歌舞伎はもっと深味と渋味を持っているもので、ヨーロッパ人にはむしろ分かりにくいものではないかと思います」と付け加えています。そのため、この舞台監督が「蝶々夫人」を演出した際に、ふみは演出の相談にのる破目《はめ》にさえなりました。また、あるベルリンの婦人に所蔵している古美術を見せられた時は、次のように語っています。

私は、ドイツでずいぶんいろいろの人を訪問しましたが、一番当惑するのは「私は日本のものを持っている」と言って、私どもが見てあまり感心しない浮世絵や舞子の絵など書いてある扇を、大事そうに見せられることです。人の大切に保存しているものをけなすわけにもゆかず、さりとて、これはいいものだというて誉《ほ》めるわけにもゆかず……ただ残念なのは日本の美術品がそんなものだと思われていることです。……もしあなたが日本の絵画を正しく理解したいと思うならば、ただ一つ提案したいと思いますよ。それは日本人のものの考え方、感じ方というものの本質をつかむのでなければ、理解というのも表面的になるということです。例えば、ヨーロッパにくるとこうして応接室には所狭《ところせま》きまでにいろいろ貴重品や芸術品が並べてある。目にふれる所何か飾りというものがある。しかしあなたが日本にこられれば気がつくでしょうが、日本の応接室である座敷には、床の飾りの外には何もないのです。

（『高橋文の「フライブルク通信」』）

最近は一般にドイツより日本人の家の方が物に溢れていることを思うと、隔世の感があります。ともかく、ふみがなさねばならないと思わされたのは、根本的な日本人の考え方、感じ方を紹介することでした。そのためには日本と日本人を哲学すること、その本質をつかまねばならないということです。西田の翻訳も日本文学に関する論文を翻訳することも、日本人の伝統的な考え方、感じ方を捉え、伝えるためでした。彼女の取った翻訳という手段は、彼女自身が自分の言葉で学問的に語るほどに思想的に成熟していなかったためなのかもしれません。ふみが最後に翻訳した「形而上学的立場から見た古今東西の文化形態」(『哲学の根本問題続編』一九三四年所収)」は、伯父西田幾多郎の最もまとまった哲学的な比較文化論です。もしふみが戦後まで生き残っていたら、西田と同じように、自分の言葉で日本人の精神と文化を伝えるような書物を書き、それに基づいて女性の視点で新たな文化哲学を形成したのではないかと考えたりもします。

彼女は当時、日本文化をどのようなものだと考えていたのでしょうか。前述の古美術を見せた婦人が、日本人は外国の文化の真似《まね》をするのがうまいと言ったのに対して、彼女は次のように答えています。

日本人は良いことならば誰からでも学ぶのです。支那からも学んできたし、ヨーロッパからも学んできた。謙遜《けんそん》で広い心で学びたい。そして日本の文化に貢献したい、と私なども思っているのです。それによって日本文化の伝統を失うならば、それこそまねであって学ぶのではないでしょう。

（同前）

ふみは日本文化を、フレキシビリティ（柔軟性）のあるものとして考えていました。しかし、それは単なる猿マネではありません。伝統文化に根差しながら、それを他文化と触れ合わせることによって改変し、新たな文化を創造するフレキシビリティ、そこに日本人の個性と日本文化の特質を見ていたのではないかと思います。経済的利益一辺倒で、日本のよき伝統文化と心を破壊するような近年のグローバリズムの流れを、ふみならばどのように評するでしょうか。

「形而上学的立場から見た古今東西の文化形態」で、西田は日本文化を「情的文化」、「無の文化」と規定した後で、次のように書いています。

情的文化は形なき形、声なき声である。それは時のごとくに発展的である。それは種々なる形を受容すると共に、これに一種の形を与え行くのである。

（⑥三四七）

6　都市生活――忙殺される日々

ベルリンでのふみの下宿先レーベンシュタイン家は、老夫婦と女中の三人暮らしでした。バーベルスベルガー通りもリンデンの並木が美しい通りですが、そこからベルリンの中心部のウンター・デン・リンデンに面した大学へは、バイエルスプラッツの駅まで歩き、地下鉄を二つ乗り継ぎ、十五分とはかかりません。下宿からバイエルスプラッツの駅の間には一応の日用品が購入できる小さな店、レストラン、古本屋などがありましたが、いたって静かな住宅街でした。

レーベンシュタイン老夫妻は親切な人たちで、日本びいきで、何かとふみの世話をやいてくれました。夫の誕生日に、夫妻とともに写した珍しいふみのドイツでの晴れ着姿の写真が残されています。姉の宇良や妹の民子とは違って、ふみはあまり晴れ着を着たことがなかったせいか、母すみはことのほかこの写真が気に入って、木津の実家にずっと飾ってあったといいます。この和服ではありませんが、かほく市の博物館「海っこランド」には現在、母すみから送られた晴れ着が展示されています。

この当時の生活の様子を、東京女子大の『同窓会月報』で、原稿を頻繁に送れない言い訳とともに書き送っています。

ことに新しい月報を読み終ったあとなどはなおさらに私も書かなければすまんと思うのだが、いつもその時々の用に追われて、志を果すことができないのです。それはベルリンにおいての私の欲望があまりに深いせいであろうか、ドイツにきたからとて、じっとしていてドイツ語ができるわけではない。言葉も習いたい、少なくとも文芸の主流をなすと言われる小説ぐらいも読んでおきたい、できるだけドイツ人とも遊んで、ドイツ人の遊び方をも知りたい、お茶などにはできる限り出て、人々の公でない話をも聞きたい、また日本に関してどんなに人々が考えているか、いわゆるナチスの人々は何を言うか、それらについての公の講演会にもできるだけ出てみたい、そのほかに文化的施設、例えば博物館、展覧会というようなもの、ことにくわしく教育機関も見たい、また一国の文化とその心とを知るために、せっかくベルリンにいることではあるし、有名なオペラや演劇を見ておきたい、そして読者よ　笑うなかれ、まだ自分の専門の勉強もしたい等々と。こういうふうに仕事をもって大学に行っている者が欲張っているのです。春のオペラの時期には、ほとんど毎週のようにオペラを見たり、講演会に行ったりして、やせてしまったほどです。欲望が多すぎるせいか（と私は思う）、どの一つをも満足することはないのだが、いつでも追い立てられているような感じです。たまたま日曜日に宿にいて、一日本でも読もうと思うと藤室氏から電話がかかって、郊外へ日光にあたりにつれて行こうと言う。とても忙しくて、と答えると、肺病になっても知らないからという返事だ（ベルリンでは日光は実に貴いものです）、私も旅先で肺病になることはいやなので、それじゃ行こうかと言う、友人は有難いものだとつくづく思うけれど、帰ってくると、また遊んでしまったと思う。日本から手紙がくると、ありがたくて何遍も読みかえすのだけれど、また二時間とんでいくと思う。手紙を一本丹念に書くには二時間かかるからなのです。しかし、こう思うことと感謝とは全く別物です。これは申し訳のようですが、偽らない私の生活です。

（「ベルリンから」）

さまざまなものに関心をもち、時間に追われた生活でした。この同窓会月報の原稿に関する言い訳は、彼女がこの月報を始めた張本人だということからきています。渡航前に、この月報に原稿を書くように同窓生に檄文《げきぶん》を書いたことさえありました。忙殺される思いの中で、秋がきて、リンデンの黄葉が街路に落ちて風に吹かれているのを見ながら、ふみは郷愁に浸っています。郷愁は単に古里を思い出すことだけではなく、自分の本来あるべき状態への回帰の思いでもあると思います。喧騒《けんそう》のベルリンを離れて、田舎で静かに学びたい、そうした願いがふみの心の中には膨らんでいきました。

一九三七（昭和十二）年秋、以前ベルリンで一緒になったことがあり、その時フライブルクに滞在していた西田の教え子西谷啓治、沢瀉久敬《おもだかひさたか》から絵葉書が届きます。沢瀉は日本で最初に医学哲学を講じたフランス哲学の権威です。二人の絵葉書は美しいフライブルクのドーム（大聖堂）とシュヴァルツヴァルト（黒い森、Schwarzwald）の風景写真で、裏面には異口同音にフライブルクの田園風景の素晴らしさが記されています。

フライブルクも静かないい町です。郊外のある家庭にお世話になっています。貴方の所のような立派な家具は私の室にはありませんけれど、庭に林檎や桃が沢山成っていて田園風景満点です。

（沢瀉久敬葉書、九月十日付）

フライブルクの美しさは言語に絶します。到着以来の一週間はやや酔ったような気分です。紅葉の美しさ、建物の趣味あること。ことに小生のいる町は郊外で一寸グリューネワルトを思わせますが、美しさは比較になりません。ここへ来てベルリンがいかに殺風景かが本当にわかりました。

（西谷啓治葉書、十月三十一日付）

こうした二人の葉書によって、ふみは東京の「女性学士の会」で徳永茅生が帰朝直後に話してくれたフライブルク大学での留学生活を思い起こしたのかもしれません。翌年、日本人学校の年度終了とともに、ふみはフライブルクに移ります。日本人学校の後任として推薦されたのは、東京女子大学哲学科の後輩で、「ふみさん」と呼ばれていた稲沼史でした。

7

学都フライブルク――思索と対話

1　美しき南独の古都

一九三八（昭和十三）年三月末、朝の十時半にベルリンを発《た》って、フライブルクに着いたのは午後十一時頃でした。駅では西谷啓治と医学の留学生二人が出迎えてくれました。第二次世界大戦が始まる前年で、世情が緊迫していたため留学生の多かった大学町フライブルクでも、それが日本人留学生全員でした。南ドイツのフライブルクは、春の遅い北のベルリンとは違って、すでにリラの花や藤の花が家々の庭に咲いていていました。

フライブルクの当時の人口は十万人ほど（現在は約二十三万人）、スイスとフランスの国境に近く、シュヴァルツヴァルト山地の裾野に広がる大学都市です。多くのドイツ人が最も住みたい場所の一つに挙げる美しい町で、現在は日本でも先進的な環境政策で知られています。ゴシック様式の堂々としたドーム（大聖堂）を中心に、市街地が形成され、ちょうどふみが高女時代を過ごした金沢のように、旧市街全体に水路が張り巡らされています。自動車が乗り入れることのできない中心街は、戦前と同じようなたたずまいを保っており、春から秋にかけては観光客で溢れています。けれど、人気《ひとけ》のない早朝や昼の長い夏の夜などは、中世の世界に迷い込んだかのようです。

南北百四十キロ、東西三十キロメートルの広さをもつ黒い森の山あいの町で、朝、目を覚まして周囲の山々を見た時、ふみはその美しさに目を見張りました。樅《もみ》とドイツ唐檜《とうひ》が見渡す限りの山並みをおおい、麓には広葉樹が芽吹いていました。

京都の山よりはいくらか線が険しい、といって木曽や信州の山のように険しくはない、和《おだ》やかな静かな山である。折り重なっている連山の遠くには雪さえ見え、近い所には木々の若芽が出たばかりだ。

（『高橋文の「フライブルク通信」』）

ふみがフライブルグにきた時は、ちょうどイースター（復活祭）の休日でした。春の陽ざしの中を、散歩に出かける恋人たち、子どもを自転車に乗せて遠乗りする若夫婦、杖をついて若葉の並木の下をそぞろ歩く老夫婦……、皆呑気で、楽しそうで、安らいで見えました。街全体が公園のように美しく整っていて、ゆったりとしています。郊外の手入れの行き届いた草原に長く延びた散歩道のベンチには、何もせずに、ただ日光浴をしている人々、その足許にきてパンをひろうスズメ、とても平和な光景でした。

こういう所にもひとの悩みはあるのであろうか、生けるものの憂いがあるのであろうか、……フライブルクはまるで地上の天国のように美しく憂いなきかに見えた。三、四日間は私は町の並木の下を歩きながら、古い教会の塔の前にたたづみながら、あるいは郊外の丘をゆく道のベンチに腰かけながら、南独の一古都を楽しんだ。

（『高橋文の「フライブルク通信」』）

南独の　町は静けし　教会の　塔の上ゆく雲は美し

（「日記」）

しかし、この美しい町に住む人々の中にもそれぞれの悩みがあり、憂いがあることを、ふみは滞在の日々を重ねるにしたがって体験していきました。

2　ギュンタルスタールの暮らし

フライブルクの中心街から電車で十分、徒歩で三十分、草原を歩いて行くと左右に延びている山の裾《すそ》が次第に深くなり、その谷間に小さな住宅街ギュンタルスタールが見えてきます。タール（Tal）はドイツ語で谷を意味します。町の中央を少し幅のある川が音を立てて流れ、家並みに沿って小さな流れが静かに走っています。住民の大部分はフライブルク市の中心部に仕事をもつ人々です。ふみは「八百屋が二軒、食料品屋が一軒、肉屋が一軒、パン屋が一軒、理髪屋が一軒の他には店を出している家はない」と書いていますが、旅行者目当てのホテル、ペンション、レストランが数軒増えた以外は、今日もほとんど変わっていないように見えます。新しいレストランはギリシア風とイタリア風で、ふみが滞在していた頃に出会うことがなかったであろう陽気な人々が営んでいます。路面電車が通り抜ける町の門を入るとそこが町の中心で、小川に沿って古いカトリック教会（リーベフラウ教会）が建ち、町を囲んで草原、草原を囲んで黒い森が延びています。丘の上にはイタリア風のカトリックの女子修道院がそびえています。草原には南ドイツの典型的な農家があって、牧草地では牛がゆったりと草を食《は》んでいます。三十分も自動車を走らせて山を越えれば、そこはスイス、あるいはフランスです。スイスのバーゼル、フランスのコルマールといった日本でも有名な観光地にも、日帰りの旅行を楽しむことができます。

ふみの当時の下宿先は修理されてはいるでしょうが、土地の人に聞くと当時のままだと言いますし、残されている写真を見てもほとんど変わっていないように見えます。主人は教師で四十歳ぐらい、婦人はふみと同じ三十七歳で、近所の子どもたちにピアノを教えていました。上の女の子が十二歳、下の男の子が八歳の四人家族。ここでふみはドイツの通常の家族の生活に触れると同時に、人々の暮らしぶり、家庭教育の仕方を体験し、下宿の婦人とよく互いの国の文化について語り合いました。

本格的な食事が昼だけであること、互いのことを干渉せずに、しかも助けあって暮らす豊かさ、家族音楽会などについて、東京女子大の同窓会に書き送っています。ふみがここで体験した暮らしは、かつて甥に宛ててベルリンから書いた手紙そのままのドイツ的な生活でした。(13)

私は日本に帰ったらドイツのような簡易生活がしたい、千円位だして、ヒュッテのようでもよい、勉強部屋と寝室と台所のある家をつくって、女中なしで、かぎ一つで留守にして歩けるような生活、ご飯といえば、昼食しかない。朝はパンと茶、夜もパンと野菜か、果物といったもので沢山だ。ドイツ人は本当の食事は一度しかしません。それが体にはとてもよろしい。日本人は食べすぎるという感じがしますよ。……しかも日曜日はどんな人でも郊外にでて、家族づれや夫婦そろいの散歩で郊外は一杯です。

(高橋泰雄宛書簡、昭和十二年六月二十七日付)

3　東西文化比較──親子、男女のことなど

　ギュンタルスタールの下宿生活の中で、彼女が特に注目していたのはドイツの家庭教育と婦人の生活スタイルでした。

　下宿の婦人は決して子どもを叱らず、手におえない場合は、分かるまで言って聞かせます。ふみはそこにヨーロッパ人の合理主義、自由主義と個人の自律を重視する人間観を見ます。また、子どもたちに配慮し、家事をし、ピアノを教えながらも、本を読む時間を大切にし、大学の講座に通う婦人の姿に、日本の良妻賢母とは異なった家庭婦人の在り方に触れます。人格を育み、教養を大切にするドイツ的な生活スタイルの一端を垣間見たのです。

　母の愛情は洋の東西を問いませんが、夫婦や親子関係の理論になると、婦人はふみとはまったく違った考え方をしました。例えば、「子どもを持って夫に死なれた母親が新たな恋愛関係、結婚生活に入ってもよいかどうか」について、二人は徹夜で議論したことがありました。ふみは「母は子に対する愛の絶対性と、子として自分の母が、父以外の人に接することを快《こころよ》しとしない感情から、母の恋愛を否定」しました。対して婦人は「愛そのものの絶対性を主張し、母の愛とか、恋人の愛とかを、区別しない、何《いず》れも愛であって、いろいろな愛によって人間が豊かに完成され

る。子が母の恋愛を否定するなどというのは、単なる子どもの利己主義にすぎない」と反論します。両人とも自説を固持して譲らず、深夜に及んだと記しています。

そうした下宿の婦人との対話の中で、ふみは留学中に経験した事柄を振り返りながら、東洋、西洋の文化の違いが、根本的には人生観・世界観と歴史的伝統の違いに由来することを再認識していきます。例えば、夫婦関係に重点を置く西洋の家庭と、親子関係を重視する日本の家《イエ》との違い、感情表現に見られるおおらかさとつつましやかさの違いは、個人主義的で自我の確立を最優先する西洋人の人生観と、自己否定的に自己実現、つまり自我を無にすることを目指す東洋的な人生観が背景になって生じてくるとふみは考えました。また、ヨーロッパ人の個人主義は恋愛感情を基礎とした男女道徳や愛がなければ別れるというような結婚観などに見られるし、日本人の自己否定的な道徳は男女関係における抑制的な態度や家と家との結婚式などにも見い出されると考えました。

ふみがドイツでの生活や何度かのヨーロッパ旅行で体験した日本とヨーロッパの道徳の顕著な違いの一つは、「をとこをみなのみち」＝男女関係の問題でした。彼女は、海外での日本人男性の「恥はかき捨て」的な恥態《ちたい》に怒りを露わにするような文章をしばしば書いています。しかし、それは不純な男女関係を嘆いているというより、男女関係を対等な人格的な関係として理解していないことへの怒りでした。そうした点で、男女関係はあくまでもヨーロッパ人のように恋愛に基礎を置くべきだと考えていました。しかし、恋愛が絶対視される恋愛至上主義的なヨーロッパの道徳観には批判的でした。このヨーロッパ人の恋愛至上主義的な考えが最もよく現われたのが、一九三六年十二月十日の「イギリス国王の退位」でした。離婚歴が二回あるアメリカ女性ウォリス・シンプソンとの大恋愛の末、イギリス国王エドワード八世が退位したという事件です。イギリス国民同様、ドイツでも多くの人々は涙ながらに国王の行為に賛意を表していました。そうしたドイツ人たちとともにラジオのニュースを聴きながら、ふみは一人で反発を覚えています。その理由を彼女は次のように書いています。

個人の一私事《しじ》として、それゆえにそれ自身としては神聖に近いものとしておさめられるべき恋愛が、あまりにあらわに表現せられ、しかもそれがあらゆる価値にまさる価値として、公をも、秩序もおしのけて自己を主張しているからである。このごときは、……恋愛至上主義と言えよう。我々日本人は、かかるヨーロッパ人の生活態度に対して反発するのである。もちろん日本人にとっても、恋愛は至上でないことはない。しかし、長い幾世紀にもわたる過去において、「無我」とか、「捨身《しゃしん》」とか教えられてきた日本人は、自己一個の感情はどこまでも私《わたくし》とし、場合によっては自己に従ってその至上なる恋愛ををも超えて生きることを学び取ったのである。

（『高橋文の「フライブルク通信」』）

4　ハイデッガー・ゼミナール

一四五七年創立という古い歴史をもつフライブルク大学（アルベルト・ルートヴィヒ大学）の旧校舎には、旧約聖書から取られた「真理はあなたたちを自由にする（DIE WAHRHEIT WIRD EUCH FREI MACHEN」）という言葉が掲げられ、あちらこちらに二つの世界大戦で犠牲になった教授や学生の名前が入ったモニュメントが見られます。それは人間の知性の営みに信頼し、多くの優秀な学者を輩出しながらも、最も愚かな人間の行為の結果である戦禍に巻き込まれてきたこの大学の歴史を物語るかのようです。

二十世紀最高の知性の一人である哲学者ハイデッガー（Martin Heidegger, 1889-1976）は、ふみが留学した頃は五十歳を目前にした働き盛りの教授でした。三十八歳で不朽の哲学書『存在と時間』を公刊したハイデッガーは、翌年現象学の創始者フッサール（Edmund G. A. Husserl, 1859-1938）の後任としてフライブルク大学正教授になり、一九三三（昭和八）年には四十三歳の若さで大学総長に就任しました。その後、第二次世界大戦終戦と同時に、ナチズムへの協力の嫌疑のゆえに講壇より追放されるまで、フライブルク大学の哲学はハイデッガー一色でした。大戦後は多くの批判にさらされましたが、ドイツや日本のみならず、広く哲学的な論争の中心であっただけでなく、精神医学、看護学、技術論などにも影響を与え続けています。

ハイデッガーの一九三九（昭和十四）年夏学期の演習「言葉の本質について」の出席者名簿によれば、学生の出席者は十六名で、その中の五番目に高橋ふみの名前が記されています。

『高橋文の「フライブルク通信」』によれば、ハイデッガーの演習の時間にふみは一つの疑問を出席者に投げかけています。

個人個人の生活は、それが人間の生活である限り苦しいことも不幸なこともあるであろう。しかし彼ら（ヨーロッパの人々）はそれにもかかわらず「生活とは楽しいものであるべきだ」と考えている。そしてそれが楽しくなければ楽しくしようと考え、楽しくすることは人間として当然のことだと考えているのである。ところが我々はどうだろう。生活とは苦労なものだと考えているのみならず、その生活を楽しくしようと考えたり、楽しくしたりしたら、それは罪悪とまではゆかぬまでも、何かよくないことをするというふうに考える。こういう考えは「重荷を負い」額に汗して歩くのが本当だと考えているから、重荷を下して、たまに休みでもすることは間違ったこととなるのである。私は今どちらの考えが正しいと言おうとするのではない。ただ前者がヨーロッパ的であり、後者が東洋的だと言えばここでは足りるのである。東洋に生まれ、東洋に育った私は今西洋に来て数年を住みなし、この対照的な雰囲気に接し、どこか異郷に在るという感じとともに、何かしら心がのびのびするという感じがするのを白状しなければならない。……事実こういう世界観の相違は音楽に文学にあらゆる文化現象にといってよい程見られる。

（『高橋文の「フライブルク通信」』）

このふみの発言に対して、あるドイツ人学生は次のように応じた。

「そりゃね、仏教とキリスト教の違いだ」、神学倫理学の演習室では一学生がそう答えた。「それなら、なぜ東洋には仏教が生まれ西洋にはキリスト教が生まれたかの問題だ」と私がいった。「だが、キリスト教にも現世否定的な一面があるし、仏教とて必ずしも現世否定的とは言えない。むしろ人間生活をそのまま肯定している一面もある」。年取った学生が横合いから口を入れた。議論はこうして尽きなかった。

（同前）

さらに、ハイデッガーの哲学演習の中で、一学生はふみの意見に反駁《はんばく》し、議論が続いた。

僕は君の見方には必ずしも賛成しないな。第一僕自身は「生活が楽しくある」とも「あるべきだ」とも思っていないし、僕の友人だってそうだ。ハイデッガーだってそう考えてはいないと思うな。呑気《のんき》そうに散歩をしたり、豊かに生活を楽しんだりできるのは国民の何十分の一かに過ぎない。それを君は全部だと思っているんだよ。（同前）

また、他の学生がそれをさえぎった。

いや、高橋さんのいうのは東洋と西洋とを比べてというのだ。僕は日本のことは知らないが『印度紀行』を読んだことがある。あるいは高橋さんのいうように考えられる一面が東洋と西洋の生活の間にあるのかもしれない。これは歴史的にも考察されるが、人間学的に考察されるべきだね。（同前）

こうした議論はしばしば大学の喫茶室まで持ち込まれました。最近の日本の大学からはこうした真の意味でアカデミックな風景が消えてしまったようで、懐かしい感じがします。

ふみのこの頃の問題意識の中心は「西洋と東洋の世界観」の違いを明確にすることにあったように思います。彼女がこの時期に伯父西田幾多郎の「形而上学から見た古今東西の文化形態」を翻訳・公表したのも、そうした関心が基盤になっていたのでしょう。そして、ハイデッガーもまた、ふみがフライブルクに移ったその年の六月九日、「形而上学による近代的世界像の基礎づけ」という講演を行っています。この中でふみは、近代西洋的な世界像に関するハイデッガーの理解と伯父の理解に深い共通性と大きな差異があることを見い出したことでしょう。ハイデッガーが「西洋文化の一つである科学技術的なものが全世界を支配しつつある」と語った時、彼女は自分の内にある日本的・東洋的なものの危機を察知したのではないでしょうか。そこにあった危機感は、グローバリズムの進展に伴って生じる伝統文化・生活基盤の揺らぎに直面している私たち現代人の不安感の萌芽のように思われます。

しかし、すでに身体に変調をきたし始めていたふみは、ハイデッガーのゼミを時々病気で欠席せざるを得ませんでした。そして九月二十六日のハイデッガー五十歳の誕生日を前にして、迫り来る第二次世界大戦の足音に追い立てられるように、心を残したままフライブルクを後にしなければなりませんでした。

5 「飯を喰《く》った経験」と二つの講演

ふみや西田と同じく石川県出身の哲学者西谷啓治は一九三七（昭和十二）年十月頃、ふみはそれより五カ月ほど遅れて、ベルリンからフライブルクに移っています。

一九三八年秋、ふみは当時フライブルクに在住していた三人の日本人留学生を招いて、味噌汁やテンプラをご馳走しました。その時の経験を、西谷は『風のこころ』という見事なエッセー集に、「飯を喰った経験」と題して書き残しています。ふみは故郷木津から送ってもらった米と味噌汁で、ドイツでもよく日本食を作っていました。ギュンタルスタールのふみの下宿で味わった日本食を、西谷は「絶対的な（比べようがない）旨さだった」と記しています。

その「米の飯や味噌汁とはこんなに旨いものだったのか」という驚きの経験の背景には、海外で久方ぶりに日本食を食べたということがあります。

もし毎日米の飯に接していたら、馴れのために味覚も鈍麻し、米の飯は五臓六腑《ごぞうろっぷ》にこだまするというような経験は起こり得なかっただろう。
（西谷啓治「飯を喰った経験」）

西谷が日本食を食べたのは一年半ぶりでした。見知らぬ土地を旅して、忘れかけていた経験を思い出すこと、感覚が蘇《よみがえ》ることがよくあります。海外旅行で、日常生活からほぼ解き放たれた時、今まで気づかなかった景色の美しさや真に自分が望むもの、心底からの欲求などに思いがけず気づき、出会うことがあります。旅は一種の宗教的なカタルシス（浄化）、トレーニング（修業）に近い意味合いをもつことがあります。そのような純化された経験を西田幾多郎は「純粋経験」と呼びます。日本で最初の体系的な哲学書『善の研究』は、私たちの日常生活の根底に存在し、日常を生み出す「純粋経験」から、すべてを説き明かそうとする哲学的試みだということができます。西田の「純粋経験」には、それにとどまらない使い方もありますが、この「飯を喰った経験」の記述ほど「純粋経験」について適切かつ具体的に解説したものは少ないように思います。

「飯の旨さ」という経験は、私たちが「瑞穂《みずほ》の国」で育ったということ、先祖からの地理的・歴史的な伝統を受け継いでいることを、言わずもがなに物語っています。「飯が旨い」と感じる私たちの味覚は、歴史的・地理的な風土のなかで形成された身体性です。「飯を喰う」という一つの経験を通して、私という自己がそこから生まれた家族・地域・民族・世界・歴史、そうしたものに深まることができるのです。

高橋ふみは、ドイツ留学での経験を通して発見したものを、恩師高橋穣の言葉を借りて「カタツムリの殻《から》」と呼んでいます。

私は折りにふれては、先生の「蝸牛の殻」を思い出した。なぜなら、まさに私もこの日本人の例に漏れないからである。日本にいた時は、敢《あ》えて国を憂うるの士をもって自ら任じたこともなければ、特に日本を強調して考えたり、語ったりしたことのない私ではあったが、いつの間にやらT先生の言われたように大きな「蝸牛の殻」のようなものを背負っているのであった。日本人と会う時は、あたかも維新の頃の志士でもあるかのように、日本の長所や短所を文字通り口角泡《こうかくあわ》を飛ばして論じ合い、外国人の中に入るとまるで私設大使ででもあるかのごとく、日本の了解を深めるよう、少しでも日本のためによかれと振る舞うのである。夜ベッドに入る時すら、「日本なら畳の上なのだがな」と思い、時に青畳の広々した屋敷をなつかしみながらその優劣を比較してみるなど、大人気ないほどに日本が自分自身から離れることがないのである。

(『高橋文の「フライブルク通信」』)

ベッドの中で思い起こす畳の生活、それは一昔前の日本人留学生ならば、誰もが体験したであろう懐かしい感覚であり、それは私たちの無意識の底から湧き上がってくる喜びや悲しみの感情と一体なのです。ハイデッガーは現代人を故郷喪失者（Heimatlose）と呼びました。私たち現代人は自己が生まれ、自己が帰っていく故郷、存在の根拠を失っています。後期の西田言葉だと「私たちがそこから生まれ、そこへと帰っていく」場所、魂の故郷を見い出さねばならないということでしょうか。

ふみがフライブルク滞在中に行った二つの講演のドイツ語タイプ原稿が、石川県西田幾多郎記念館に残されています。一つはギュンタルスタールのカトリック教会リーベフラウでなされたもので、「日本におけるカトリック教会の歴史」を紹介したものです。今一つはフライブルク大学でなされたと思われる日本文化を紹介したかなり長い講演原稿です。そこでふみは西洋の家族（Familie）、家庭（Haus）と日本の家《イエ》の違いをテーマに、ドイツでの滞在経験を交えながら、比較思想的に日本文化を紹介しています。後者に関しては西谷啓治が西田幾多郎に宛てて「高橋さんはお元気です。この間は『日本の家庭』という題で講演され盛会で、ここの新聞にも出ました」と記した絵はがきが、西田幾多郎記念哲学館に残されています。

地域の人々や大学の中で、高橋ふみという存在がそれなりの評価を受けていたことと同時に、その原稿からドイツ語能力の高さを推測することができます。

海を見て育ったふみは、水平線の向こうの未知なるものを求めて育ちました。ドイツ留学も西洋的な哲学を学ぶ旅でしたが、彼女がそこで見い出したものは、なによりも自己の存在とその根底にある日本的なものの再発見でした。異文化体験とは、何よりも自国の文化の自覚なのです。異文化対話とは比較文化、比較思想的に両者の本質に迫る哲学的な営みです。ふみはまだしばらくドイツで、異国の文化と自己と自国の文化に深まる時間が必要だと感じていました。しかし、迫り来る戦火はすでに足元まで迫っており、病魔が彼女の身体を蝕《むしば》みつつありました。

（13）付録3　書簡四参照。

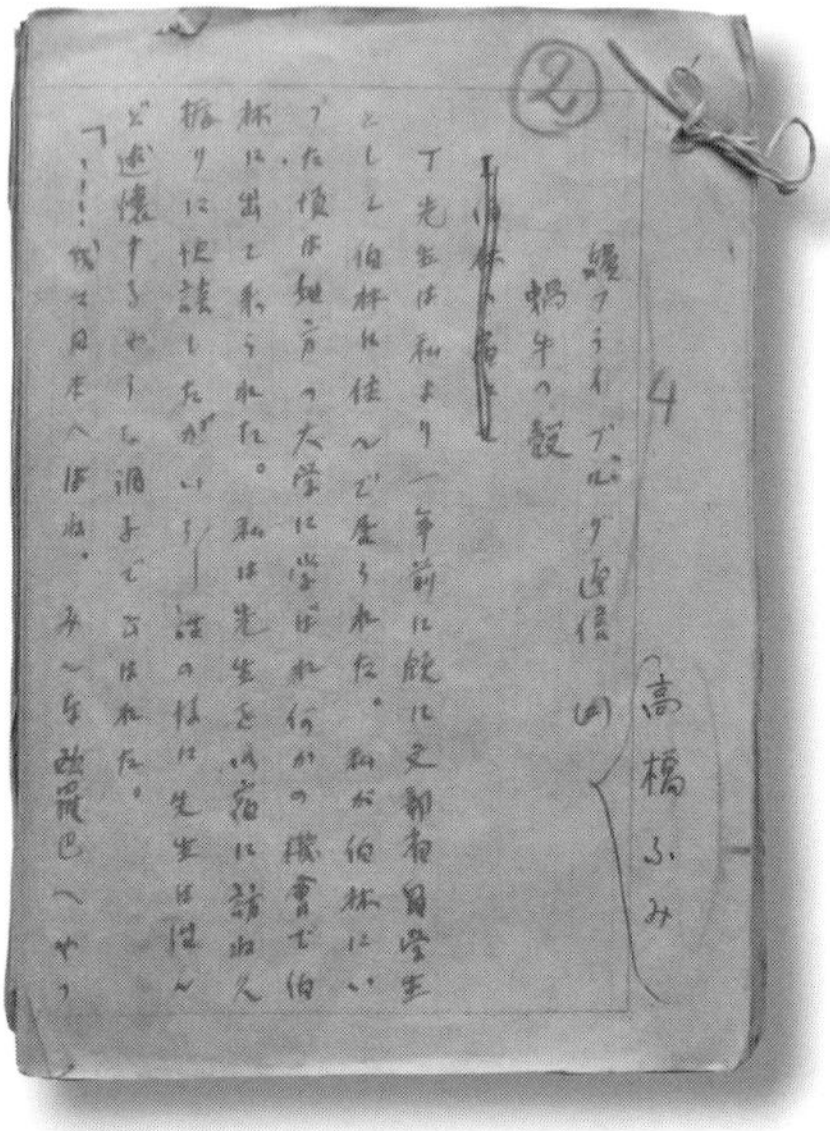

「蝸牛の殻」の原稿（続フライブルク通信）
（三点とも石川県西田幾多郎記念哲学館所蔵）

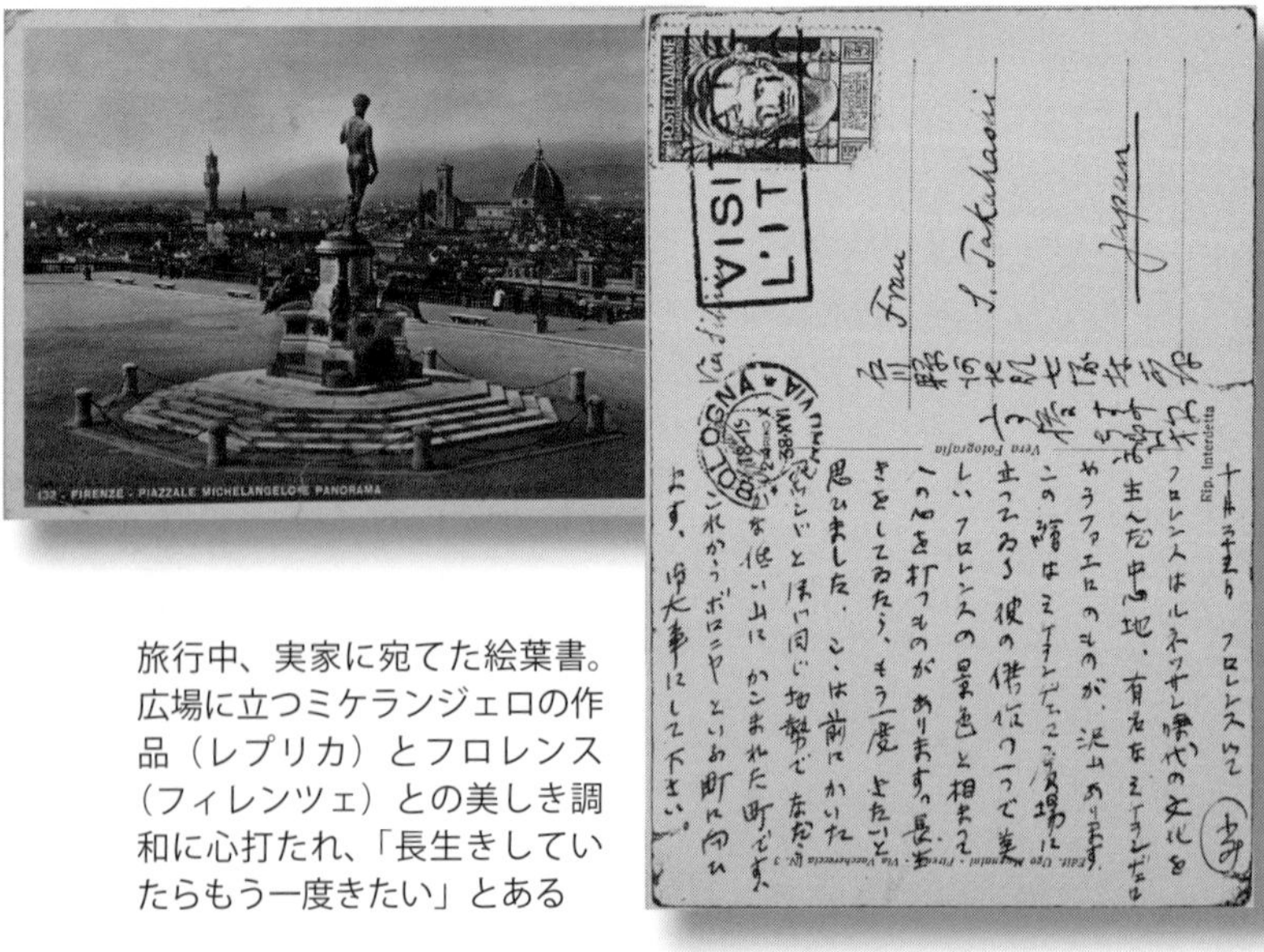

旅行中、実家に宛てた絵葉書。広場に立つミケランジェロの作品（レプリカ）とフロレンス（フィレンツェ）との美しき調和に心打たれ、「長生きしていたらもう一度きたい」とある

8

帰国——志半ばにして

1　戦争の足音と引き揚げ船

八月も半ばを過ぎると、ドイツには秋の気配が漂い始めます。一九三八年八月十六日、ふみは次のような短歌を『日記』に書きとめています。

こげるばかり濃き紺碧《こんぺき》の空をゆく　雲の脚《あし》早き南独《なんどく》の空
名も知らぬ木は窓下《そうか》に実をなして　赤く熟《う》れたり秋にやあらん
夕風に波打つむぎの穂を見れば　しくしくとしてくにの思ほゆ

高き空に、熟れた木の実、秋は郷愁を呼び覚まします。最近は日本でも街路樹として見かけるようになったフォーゲルベーレ（ナナカマドの一種）が赤く色づき始めると、秋の到来をうながすように、ギュンタルスタールの谷間では朝霧が立ちこめるようになります。

浅あけのしじまのなかに籠《こも》りいる　霧は濃くして木の葉動かず
霧は濃くてついに流れず朝明けの　しじまの中に我一人立つ

南ドイツの夏と冬の気温差は大きく、特にその年は晩秋から寒波が来襲しました。ふみがいつ頃から自分の病状を意識したかは定かでありませんが、少なくともその年末から年始にかけて、自分の病気が肺結核であることを知らされ、床についていました。自然の霧に加えて、ふみの病んだ胸をさらに息苦しくさせ、前途への不安と郷愁を募らせるような悲しい出来事がありました。その頃、異郷で孤独のうちに一人の留学生仲間が寂しく死んだのです。

天地に通れとばかり君が代を　歌い終わりて君が棺《ひつぎ》に額づく
君が棺日の丸なして飾りけり　大和の国のおのこにしあれば

春になり暖かくなるに従って、ふみの病状は少しずつ快復しました。この時ふみは三十七歳、それから六年間あまりはほとんど病気との闘いの日々でした。学者としては、これからという時であり、日本文化と日本人の考え方の本質を捉えながら、それをヨーロッパに紹介しようとする仕事を始めた矢先でした。

そして、人の心を霧のようにおおっていたものが世の中全体を暗くおおい始めます。八月下旬、フライブルクの留学生はふみ一人になりました。同じように暗雲立ちこめる日本では、西田が八月二十八日、友人山本良吉に宛てて次のように書きました。

かかる状態にては国家の前途も心配に堪《た》えずと思います。かくも軽佻浮薄《けいちょうふはく》にしていかに歴史以来の世界の危機ともいうべき今日の世界に処すべき。（㉒二五二）

学びへの心残りをもちながら、後ろ髪を引かれるようにしてふみは北ドイツに旅立ちました。最後の引き揚げ船靖國丸《やすくにまる》が、八月二十六日にハンブルクを出港するからです。九月二日のドイツ軍のポーランド侵攻、四日の英仏の対独宣戦布告に始まる第二次世界大戦は、そこまで迫っていました。九月三日の日本の新聞の一面見出しは「ベルリン一灯も見えず」とあります。「全欧州果然《かぜん》大動乱へ」、「英仏遂《つい》に宣戦布告す」と報じた四日には、靖國丸はヨーロッパ最後の経由地ノルウェーのベンゲルを離れました。

乗客名簿「第貳拾《にじゅう》四次　復航　靖國丸 御乗船記念芳名録」には、帰国する商社マン、大学教授、ベルリンの日本人学校の生徒と父兄たちに加えて、学会から帰る後のノーベル物理学賞の受賞者湯川秀樹や朝永振一郎など、二百十四人の名前が記されています。高橋ふみの職業は教師と記されています。戦後、洒脱な朝永は、教え子の物理学者早川幸夫とともに朝永家を訪問した早川の妻廸子《みちこ》（旧姓藤室でふみのベルリン時代の教え子）に「あの女史はどうも苦手でね。男のような物の言い方をするし、理屈っぽいし……」と語っています。

船の中でふみは、ベルリンの日本人学校の後任教師であった稲沼史と一緒に、子どもたちに勉強を教えました。病身の上に、船酔いで体調が良くないにも関わらず、相変わらず厳しい、熱心な教えぶりだったといいます。また、船中でふみと食事のテーブルが一緒であった教え子の加藤綾子さんは、次のように伝えています。

毎日食事を先生と共にする生活が始まった。先生はナプキンを首のところからかけられ、船が揺れ出すと「もう、いかん」と言って中腰で退場なさるのだが、必ずテーブルの真ん中にあるバナナを一本手に持って行かれるのを微笑ましい思いでみたものだ。

船は二百十四名の避難者たちを乗せ、パナマ運河からロサンゼルスを経て、十月十八日の未明、横浜港に着きました。航海中に靖國丸の船上で生まれた女児は、「靖子」と名づけられました。

2 帰国後——病に蝕まれて

一九三九年十二月十七日、筑波で東北哲学会がふみと稲沼史の帰朝歓迎会を聞いています。哲学会の筆記帳『観想・テオリア』には「高橋ふみ女史ドイツより帰り来たり、之を迎えて歓迎の宴を催す」とあり、「高橋ふみ」の署名の後には「日本の哲学会はジャーナリスティックだという話をした」と添え書きがあります。その後に七人の哲学会所属の男性たちの名前が記されて、最後に「高橋さんと一緒に帰られた稲沼さんが本日負傷のため、参会されません。甚だ残念です」と追記されています。会合の席でふみは「ヨーロッパでは虫の声が聞かれない。帰りの船でパナマ運河を通るとき初めて虫の音が聞こえた」と元気に話したと伝えられています。

帰国後四カ月ほどしてベルリン日本人学校の教え子で、利発だった加藤洋子が急死しました。駆けつけたふみは枕もとで「洋ちゃん頑張れよ、頑張れよ」と号泣したそうです。その涙も乾かぬうちに、ふみは東京・清瀬の結核療養所「ベタニア村病院」に半年ほど入院しました。見舞いに行った東北帝大の後輩・野辺地東洋氏（一九三四年卒）は「熱があるのかいつも紅色の顔をしていた」と回想しています。清瀬で療養している間、多くの見舞客が訪れています。東京女子大学で同窓生であった藤室信子が、ベルリン日本人学校の教え子たちと見舞いに来た時には、「うつるといけないから」と言って決して病室には入れませんでした。ふみはベルリン日本人学校の子どもたちに対して自分の子どものように接していた、という印象をもちます。

春になって少し病状が好転し、世田谷祖師ケ谷《そしがや》の住まいで療養しながら、ふみは西田の哲学論文集のドイツ語翻訳を続けました。一九四〇（昭和十五）年には仙台の「国際文化協会」から、西田幾多郎『芸術と道徳』（一九二三年）に収録されている「真善美の合一点（Die Einheit des Wahren, des Schönen und des Guten）」のドイツ語訳を刊行します。西田哲学を「純粋経験」の立場、「自覚」の立場、「場所」の立場に大別した場合、「真善美の合一点」は自覚の立場の一つの到達点ともいうべき論文です。西田自身が「悪戦苦闘のドキュメント」と表現したこの労作では、自覚の立場で芸術・道徳・哲学と各々の理念である美・善・真、さらにそれらの関係が論じられています。ふみは翻訳の序文で、西田哲学に馴染みのないドイツ語圏の読者のために、西田の哲学形成の跡を概説し、次いでこの論文の目的を次のように書いています。

　彼は絶対自由の意志によって基礎づけられた自由な人格において、真——知の理念、善——道徳の理念、美——芸術の理念を統一できる知と道徳の「具体的な根源」を見い出そうとしている。

さらにふみは、この論文での「具体的根源」の内容とそれ以後の発展について解説し、序文の最後を西田の哲学が西田哲学という呼称で呼ばれるようになった記念碑的著作『働くものから見るものへ』（一九二七年）で、西田自身が書いた有名な「序文」の言葉で結んでいます。

形相を有《う》となし形成を善となす泰西《たいせい》文化の潤欄《じゅんらん》たる発展には、尚《たっと》ぶべきもの、学ぶべきものの許多《あまた》なるは云うまでもないが、幾千年来我国の祖先を孚《はぐく》み来った東洋文化の根底には、形なきものの形を見、声なきものの声を聞くと云った様なものが潜んでいるのではなかろうか。我々の心はこのごときものを求めて已《や》まない、私はかかる要求に哲学的根拠を与えて見たいと思うのである。

（③二五五）

この「形なきものの形を見、声なきものの声を聞く」という東洋文化の理解から、西田は『芸術と道徳』の後半で、日本文化に哲学的根拠を与えようと試みています。そうした西田の意図と哲学的作業を紹介しようという意図はドイツ留学中に生まれ、それ以降のふみの哲学的作業の中心となるものであり、その作業の具体的な形が翻訳でした。

この翻訳中に、西田の後期の立場（「場所」の立場）における文化論『日本文化の問題』（一九四〇年）

が刊行されています。ふみは、「次にこの書を全訳してドイツで刊行したい」と周囲の人々に話し、その努力を続けています。しかし、当時の医学にとって「不治の病」に蝕まれた身体と戦時体制とが、その達成をふみから奪い取ってしまったのです。

3 故郷での療養——愛智の精神衰えず

母すみは快復を願って、木津からたびたび身体によい珍しいもの、新鮮なもの、手製の保存食を送っていました。しかし、病状は一進一退で、一九四一（昭和十六）年早春、桃の花が咲く頃には郷里の木津に帰り、地域で熱心に結核治療を行っていた竹内養《よう》医師の診察を受けました。竹内医師が「ふみさんには今うつった結核菌ではなくて、若い時から住みついている年老いた結核菌がいる」と説明したところ、母すみは「菌にも若いのと年寄りとあるのかね」と言って笑ったといいます。状態はかなり危機的でしたが、彼女は読書をやめませんでした。当時、書見台の本のページをめくる役目をしていたという高橋來《きたる》は、子どもの頃の思い出を次のように語っています。

本当に男のような人でした。海に休憩に行く時は、私はいつもゴザをもって、後ろをついていきましたが、友達に見られるのではといつも恥ずかしい思いをしました。

あまり服装にはこだわらなかったふみですが、時には、当時の木津ではほとんど目にすることがなかったグレーや真っ白なスーツに、黒や白の帽子で出かけることもあり、洋装や断髪を見慣れていなかった木津の子どもたちの記憶に残っています。そのお伴ということになれば、男の子には恥ずかしい思いがあっても当然です。

五月からは、東京女子大学の同窓会に宛て、在独時代に書き残したことを「続フライブルク」通信として書き始めます。『同窓会誌』には、その中の四編が掲載されています。西田記念館に残されていた原稿を、一九九三（平成五）年に読みやすいようにアレンジして『高橋文のフライブルク通信』（北国新聞社）として刊行した折、木津からの通信も一緒に収録しました。没後五十年を経た春のことです。

読書と執筆の療養生活を送りながら、一九四二年十二月から、ふみは郷里の人々とともに、自宅で西田の『日本文化の問題』（一九四〇年）と「人間的存在」（『哲学論文集第三』所収）をテキストに、月一回の読書会を行いました。

西田幾多郎の京都帝国大学時代の教え子で、全国の図書館運動に大きな影響を与えた中田邦造《くにぞう》が、(14) 石川県下の市町村の図書館と協力して青少年文庫が設立され、全県的に読書運動が行われていました。旧七塚町では後に中田邦造の後継者になる七塚小学校の校長東田平治が中心となって「七塚青少年読書会」が開催され、町内外の教師や地元出身の四高生たちが集《つど》っていました。ふみの懇切丁寧な読書会での解説を、当時の参加者が保存していた『日本文化の問題』(岩波新書)への書き込みに見ることができます。

さらに、母校の第一高女や七塚小学校で講演を行い、東京の日独協会に頻繁に手紙を書くなど、療養中もふみのフィロソフィア(愛智)の精神は衰えることがありませんでした。

4 終焉——水のごとき味わい

一九四三(昭和十八)年に結核の小康状態を得たふみは、再度上京して東京女子大で哲学や倫理学演習を講義しています。彼女の明晰《めいせき》な講義は多くの学生の共感を呼んだといいます。さらに、東京女子大学創立二十五周年記念会では「思い出」を語っています。その話を聞いた加藤槙子《まきこ》さんは次のように記しています。

講演というよりは先生の東京女子大の学生生活の思い出を話されたと思うが、その印象が忘れられなかった……ヨーロッパの香りを漂わせ、溌溂《はつらつ》とし、時にはユーモアを交えながら、暖かみがあり、何ものにも囚《とら》われない自由さに魅了されました。それまで良妻賢母を理想としていた女学校で、周囲に反抗し、やみくもに読書に耽《ふけ》って過ごした私は、ふみ先生を通して垣間見た世界に憧れを感じた。先生の哲学の授業を楽しみにしていた。でもその後、病が進まれ、その願いは実現されなかった。……

……先生に何かを教えられたのではないけれど、その生き方を通して、人生を巧《たく》みに生きることはできなくても「凡《およ》そ真なるもの」、善美への憧れの灯《ともしび》がともされたように思う。……先生は私にとってかけがえのない存在だった。灰色の雲に覆《おお》われたような戦時中の学生生活の中で、そこだけは明るく光って見える。

その後、加藤さんはその時垣間見た世界を求めて、戦後、東京女子大学哲学研究科、東京大学文学部哲学科に進学します。

教壇に立てないほどに弱りながらも、ふみは書を読み続け、頻繁に日独文化協会に手紙を書きました。空襲が東京にも及ぶようになり、日独文化協会の機能が麻痺してからも、彼女はまだ『日本文化の問題』のドイツ語翻訳をあきらめていなかったのです。母すみが木津から看病のために送った小川清子さんは、次のように伝えています。

心に忘れずに強く残っているのは、お薬をもらいに行った時にお医者様が「賢くて神経がたっていて病気は癒《なお》せぬ」とおっしゃったことです。

一九四五年三月十八日の西田幾多郎の妻・琴の『日記』には、次のように記されています。

午後木津の七郎さん来られ、私達に木津に避難するようにとすすめられる。高橋ふみさんを木津に連れ帰る。……敵艦載機九州南部及東部を空襲す。

空襲が激化し、ふみは七郎、佐五郎の兄弟と、東京で姉妹のように同居していた磯部貞子に付き添われ、寝台車に乗り軽井沢を経由して、当時の北陸線津幡駅に着きました。そこでは一人では歩けず担架で運ばれたといいます。

母や疎開していた妹民子、七郎、貞子たちは、可能な限りの手を尽くしてふみの闘病生活を支えました。竹内医師の指導を受け、西式健康法の足湯が試みられました。温湯《おんとう》と冷水に交互に足を浸すという手間のかかる治療法で、何分かごとに徐々にお湯と水が取り替えられました。食卓には、ふみの好む新鮮な生鯖《さば》の刺身、もみじこ（たらこ）、特製の小糠鰯《こぬかいわし》などが並べられ栄養にも注意が払われました。手厚い看護のためか、一時的には病床から起きて、散歩ができるほどに快復しました。

五月七日、ドイツ軍が無条件降伏して間もなく、妹のように世話をしていた小川清子に「ドイツはもうだめだ。元気になったらいっしょにアメリカに行こう」と語ったといいます。どこまでも気丈で、フィロソフィアの精神を失いませんでした。しかし、六月七日、彼女の目標であり、敬慕してやまなかった伯父西田幾多郎が鎌倉で逝きました。西田の机には書きかけの原稿「私の論理について」が数枚残され、最後の筆は乱れていました。六月十二日、幾多郎の葬儀から母すみと弟七郎が帰った頃には、気丈なふみもほとんど物言わぬようになりました。

伯父の死から二週間後の二十一日に永眠。知を愛し求め続けた女性哲学者には最後の数日、書物を読む力が残されていませんでした。伯父のように書きかけの原稿を残すこともなく、志を十分に実現させることはできませんでした。彼女を育み、その本質を世界に伝えようとした日本文化と人々の生活が根底から崩れ去る終戦まで残り二カ月弱の、梅雨の朝でした。彼女は戦争が始

まる前にすでに伯父に宛て、日本の運命を予見していました。(15)

日本の立場を正義化することはなかなかむずかしいことで、これには生存権とか自立権とかより他に立場がありません。普通の道徳観念から説明しようとしたら反って苦しいものがあります。そういう意味で戦後ドイツに来た凡《あら》ゆるものの Um-Weltung(崩壊)が日本にもやがて来ることと思います。

(西田幾多郎宛書簡、一九三八年初頭)

母すみは「ふみは幾多郎の後を追うて逝ってしもうた」と言い、金沢市寺町《てらまち》の法光寺で供養して成仏を願いました。また、ほどなく結核の最初の抗生剤ストレプトマイシンが実用化され始めた時、「ふみはもう少し生きていたら死ななくてもよかったのに、不甲斐《ふがい》ないこっちゃ!」と嘆《なげ》いたといいます。そこには先だった娘への母の悲しみがあります。科学の進歩がもう少し早く、ふみが生命を永らえたなら、女性の視点で新しい哲学的発見があり、哲学研究者という女性のキャリア形成がより早くなされたのではないか、という無念さが残ります。

現在ふみは、郷里の共同墓地に眠っています。戦後の高橋家の宗教である大本教のすっきりした長方形の墓には父由太郎の名前のみがあり、ふみの名は刻まれていません。そこに立った時、三十歳になって間もないふみが、女子経済専門学校『同窓会誌』に記した言葉をなぜか思い起こしました。

人生は楽しい処《ところ》でも苦しい処でもない。淡々たる水の如きものだ。しかし、といって楽しみも苦しみもないというのではない。楽しみも苦しみもただ水の如き味わいがするだけなのである。

（14）中田邦造（一八九七―一九五六年）は滋賀県出身、京都帝国大学文学部哲学科、大学院で西田幾多郎に師事。一九二七年から石川県立図書館長を務め、県内各地で「読書学級」を開催した。その後東京帝国大学図書館司書、都立日比谷図書館長を務めた頃、図書疎開運動を展開した。

（15）付録3　書簡二参照。

9

託されしもの

1　高橋ふみ記念文庫と日本学への波紋

東京女子大学付属図書館には「高橋ふみ文庫」と印の押された書籍があります。私がこの文庫の存在を初めて知ったのは、小川圭治先生（当時筑波大学教授）との会話を通してでした。キリスト教思想研究、特にバルト神学研究の大家であった先生がスイスのバーゼル大学留学から帰国され、東京女子大学の専任講師になられた頃、図書館でキルケゴールやヘーゲルの原書を借りると、その多くに「ふみ文庫」の印が押されていたことを覚えておられました。ふみがドイツから持ち帰った書物は、東京女子大の学生だけではなく、後輩研究者の研究にも役立っていたのです。

戦後間もなくふみの蔵書は、和書が七塚小学校に、洋書は東京女子大学図書館に寄贈されました。おそらく東京女子大の卒業生で姉を慕った妹の民子が寄贈したのでしょう。和書は一九六五（昭和四十）年八月の七塚小学校の火災によって焼失してしまいましたが、洋書は没後五十年を過ぎた今も、図書館の一隅で女子学生たちを哲学的思索へと導いています。寄贈された蔵書は洋書のみで約千冊、若くして世を去ったこと、当時の経済状況を考えると、一研究者が持つ外国語の蔵書としては相当な量です。ボードレールの詩集のようにフランス語のものも少しありますが、ほとんどがドイツ語の書籍で、ヘーゲル、スピノザの全集をはじめとして専門のものはもちろん、ゲーテ、リルケ、カロッサなどの文学や、マックス・ヴェーバーなど社会学のものも含まれ、ふみの知的・学問的関心の広さがうかがえます。また、それらの中にハンナ・アーレント（Hannah Arendt, 1906-1975）の処女作『アウグスティヌスの愛の概念（Der Liebesbegriff bei Augustin,1929）』があります。ヤスパースとハイデッガーの影響のもとに書かれたこの博士論文は、ユダヤ人として亡命を余儀なくされた女性哲学者アーレントが、常に携え、長い年月をかけて手を加え続けた一冊です。そこにはすでに後に大論争を巻き起こすことになるアーレント政治哲学の萌芽があると評されています。ふみより五歳下の現代を代表する女性哲学者のこの処女作をふみはどのように読んだのでしょうか。無い物強請《ねだ》りですが、ドイツ留学中、ヨーロッパにおける愛と日本における愛について考え続けたふみの書評を読んでみたい気がします。ともかく、ふみは日本女性として最も早い時期に、共感をもってハンナ・アーレントを読んだ一人だろうと思います。

「ふみ文庫」の蔵書の中に、戦後ドイツの日本学に大きな功績を残したオスカー・ベンル（Oscar Benl, 1914-1986）のドイツ語訳『徒然草』があります。ベンルは『方丈記』、『源氏物語』等、多くの日本古典文学を翻訳し、広く日本文化をドイツ語圏に紹介した人物です。一九六八年には川端康成『伊豆の踊子』の翻訳で第五回日本翻訳文化賞を受けています。『徒然草』は日本で刊行されたベンルの最初の翻訳です。その裏表紙には一九四〇年六月十二日付でふみへの献辞が書かれています。また、ふみによる西田のドイツ語訳『真善美の合一点』の校閲者がベンルです。二人の間にはベルリン大学在学中から学問上の交流がありました。日独文化協会でも活躍した後輩の野辺地東洋氏から、一九七四年四月に次の手紙をいただきました。

どういうわけか、ふみ女史からベンルという姓のドイツ青年を紹介されたことがあります。この人は日本文学が好きで『徒然草』か何かをドイツ語に翻訳したのでした。それが完成して一冊彼からもらいましたが、いまは失われて手もとにありません。たぶん私が当時懇意にしていた「日独文化協会」に彼を紹介し、彼はそこから訳書を出したというのではなかったかと思うのですが、もう古いことなのですっかり忘れてしまいました。もしベンルさんが今でも元気で私に会ってくれたらと思うことが時々あります。

また、ベルリン日本人学校の教え子八代佐知子《やつしろさちこ》さんは、三島由紀夫や谷崎潤一郎などのドイツ語翻訳を刊行しています。戦前の日本はヨーロッパ文化の輸入のみに終始してきました。対してふみは翻訳を通して日本文化の真髄をヨーロッパに紹介しようとしました。ジャンルは異なりますし、オスカー・ベンルや八代さんがそうしたことを意識したことはなかったでしょうが、ふみの志した道を歩んだ人だといえるように思います。

2　ふみとは誰?

高橋ふみとはいかなる人物かと問われれば、「ひた向きに自己の天分（可能性）を開花させようとした女性」であり、「哲学研究者としてのキャリアを求めた女性」というのが、私の現在の答えです。

ひときわ知的で理屈っぽい少女は、素朴な疑問を率直に口に出し、解決を求める素直さと、探究心を持っていました。通常、こうした在り方は男性であろうと女性であろうと、日本人の中では成長とともに消えていくものです。社会生活の中で、小利口になって、処世術を身につけ、素朴な疑問に付き合うことを止め、いつしか差し障《さわ》りのない、平凡な日常の中に身を委《ゆだ》ねていきます。ふみという女性の決して長くはない、果敢な生き方に触れて気づくことは、自己の限界を自覚しながらも、自分の内から生じてくる思いに忠実に、どこまでもその資質（天分）を開花させようとして生きたということです。

彼女は子どもの頃から知的で、研究者としての資質を持ち、経済的にも裕福で開放的な家庭に育ちました。しかし、当時の社会と時代は、女性が順調に学問研究の道を歩めるような環境ではありませんでした。大正デモクラシーが女性の目覚めと自立の機運を創り出したとはいえ、封建的な道徳、男尊女卑の風潮が圧倒的に支配的な時代でした。そうした中で女性が比較的男性と同等に活動できたのは、文学の世界でしょう。与謝野晶子や平塚らいてふはそうした分野から女性解放を志した人々であり、市川房江のような女性政治家もすでに何人か誕生していました。しかし、学問の世界はより男性中心の世界であり、女性には最高学府（帝大）の門戸さえもほとんど開かれていませんでした。東京女子大卒業生、石川県出身の女性で最初の帝大生となったふみは、わずかに拓かれた道を先駆者の一人として切り拓いて行った女性です。そうした先駆者としてのふみを支えていたのは、何よりも自己の内なる可能性に忠実に生きようとした彼女の素直さです。

創造性を発揮していこうとするふみの戦いは、開拓者《フロンティア》としての労苦と忍耐を伴っていました。女子大の哲学科卒業、石川県出身者の学士取得、学術雑誌への哲学論文の掲載、哲学文献のドイツ語訳、いずれをとっても「女性として初めて」だと考えられます。しかし、著書はなく、論文や翻訳数は数えるほどで、その上それらも現在学術的に価値を持つというほどではありません。その意味で業績主義的な観点から彼女を取り上げる意味はほとんどありません。四十三歳という若さで世を去り、すでに三十代後半には病魔に蝕まれ、圧倒的な男性社会であった学術の世界に通路を探しあぐね、本格的な業績を残す以前に社会への通路を閉ざされた彼女。あの聡明で周囲の女性たちから期待された知性が、業績という花を開かせることができなかった原因は明白です。医学の発達がもう少し早く、戦後に彼女が生きていたらという無念さが残ります。

いまだに差別が残っているとはいえ、戦後、女性の社会進出とともに、その資質に応じて自己の可能性を発揮し、学術的な分野において活躍する女性の数も少なくありません。こうした方向のフロンティアの一人がふみなのです。それは明らかに茨の道でした。彼女の印象を語るときに人々が口にする「女だてらに」、「男のような」、「男勝りの」という言葉は、彼女が女性哲学のフロンティアとして生きたことの証であり、それゆえに彼女は周囲からの抑圧に耐え、多くのものを犠牲にしなければなりませんでした。

ドイツから帰って療養している間、ふみは地元の人々から「博士」と呼ばれていました。男の博士さえ稀なこの時代に、女の「博士」が、結婚して家庭人として生きることを断念せざるを得なかったことは容易に想像できます。「博士」というふみの呼び名には、そう呼んだふるさとの人々の複雑な彼女への思いが交錯しています。そして、現在でもふるさとの男性たちから「高橋ふみという女は生意気だった」という言葉を聞くことがあります。生意気ということは、男性では「自分の年齢や能力を考えず、出すぎた言動をすること」だと思います。しかし、ふみに向けられた「生意気」という眼差しには「女だてらに」という封建社会からの女性差別の意識が隠れています。

高橋ふみの歴史的価値は学術的な業績にではなく、むしろその女性として哲学研究者としてのキャリアを目指した先駆的な生き方にあります。ふみ自身は学術的な哲学の業績を求めて生きたのですから、この評価に彼女自身は納得しないと思います。しかし、哲学者や思想家の価値は著述の数や職業上の地位によってのみ評価されるべきでしょうか。例えばソクラテスは書物を残さなかったし、社会的地位も持たず、むしろ社会に捨てられ、罪人として毒杯を仰いで世を去りました。しかし、彼は弟子たちの記憶の中に残り、弟子たちの思想と人生を導くことによって哲学史の中で大きな位置を占め続けています。ふみの生き方や残した言葉や生きざまが私たちの心に残り、それが何らかの励ましになるのなら、ふみは価値ある哲学者です。哲学（フィロソフィア）は必ずしも実用性と結びつかない普遍的な知であり、内から生じてくる素直な疑問に答えようとする「智への愛」です。そのために、哲学者は現実生活の中で、人生の中でも小利口に生きていくことのできない人々であって、それには男性も女性もありません。彼女の人生にエロス（真理愛）とそれに伴う一種の悲哀を感じざるを得ないのは、紛《まぎ》れもなく彼女が哲学者であったことの証であると私は思います。

付録1　女子高等教育の問題シンポジウム

美しい袖をひらひらさせながら教室に入ってくる専門学校の生徒、あるいは新流行の洋服を着こんで散歩している女子大学の学生たちを見るたびに私は「一体この人達は何のために学校に来ているのであろうか」と考える。而して私はついに女子高等教育に対する深き疑惑と矛盾とに衝《つ》き当たらざるを得ないのである。

松本先生は専門学校卒業の女子が学的向上心において冬眠状態に陥っている事を述べられ「〈我ら笛ふけどもなんじら踊らず〉とは女子の大学教育に関心を有する男子が十数年来経験する心境を表現した言句《げんく》である」と書いておられるが、全くさもあらんと思われる。しかし先生はこれが果して何に由って然《しか》るかをお考えになった事があるだろうか。これはその由って来る所遥《はる》かに遠く日本の社会と家庭の不備にもつもので、教育者がまずこれを痛感し是正してゆくのでなければ真の意味の女子高等教育は望まれぬのではないかと私は思う。女子高等教育については松本先生や藤田氏が提出になったように、実に多くの制度上、実際上の問題が山積《さんせき》するにも係わらず短い紙面を私はこの問題を中心として論じて見たいと思う所以《ゆえん》である。

女子は男子よりも知識欲がないとはしばしば聞く所であり、かつ私自身も時にはそうかと思った事もあったが、それは知識欲そのものの欠乏ではないという事を考えるようになった。少なくとも高等教育を目指してくる女子の大部分は男子のそれに比して優るとも劣る事のない知識欲を持っている事は事実である。それでは何故に女子の専門学校卒業生が学的向上心において冬眠状態に陥っているのであろうか。私はこれに答えるに、彼らの専門学校生活が知識欲を出発点としているにも係わらず、その知識に対する態度がまま事遊びの域を出ないからであると言いたい。生徒自身も自分の学んでいる事が自己の一生の方針と仕事を決定するごときものとは考えず、唯趣味に従って単なる知識欲を満足し得る程度において自己の学課を選択するに過ぎず、これを教える教師もまた男学生に向って注ぐ熱意と期待とを女生徒に対しては完全に放棄し、どんなに教えても何《いず》れは結ばぬ実である事を前提しその教授に深く心を籠《こ》める事がないのであって、教える者も教わるものもまま事遊びをしている状態なのである。この事は特殊なる専門学校を除外しては、女子高等師範学校のごときにおいてすら言い得るのではないかと思う。もしかかる状態をそのままに默過《もっか》し放任するならば如何程《いかほど》女子高等教育機関が発達し、制度上、実際上の問題が解決されたにしても、要するに砂上の楼閣《ろうかく》であって如何程実績を挙げ得るかは疑問としなければならぬ。

然らば何故に男子において起きる事のない問題が女子において存するか、これはすなわち現代日本の社会においては、女子の個性に応じた専門的な仕事が原則的に家庭生活と一致並行する事が至難《しなん》であるという社会生活、家庭生活の欠陥に基づくのである。結婚生活は女子にとって最も幸福なる生活であり又運命的でもある、然るに女子が結婚を前提する限り、結婚の他に生涯を賭《と》して成就せんとするごとき仕事に携る事は思いもよらない、勢い女子高等教育が専門を標榜しながら、しかも実に他愛のないものとならざるを得ない所以である。松本先生は近時「一般に女子の大学入学要望の意気が消沈している」と言われるのはむしろ当然である。一時自由主義や女性解放運動に刺激されて立ち上がっては見たものの、現実の地に足をつけて見れば現代において女子が女子として生きようと思えば、大学聴講だの入学だのという事は実に夢の夢に過ぎない事を覚ったからに他ならぬ。

そこで問題は例え実績が少なくとも、女子高等教育の実質は現状のままにし、制度すなわち実際上の問題を改革してゆく事が、単に啓蒙的な意味しか持たないにしても、女子に対してむしろ恩恵的なものではないかという疑問が起こる事である。しかし、かかる考えは女子高等教育そのものの否定を意味する他の何物でもない。人類の理想は最も高き人格の完成とよき社会の実現に在り、而してかかる人格と社会とは各自が各自の仕事に精進し、かつその仕事を通じたる社会的訓練とをあわせ有する事による他はないであろう。普通人にとって個体から普遍への道は文化に参与する仕事によってのみ拓かれるのではないだろうか。然るに理想の実現を目指す教育が女子においてのみ其意味を失うとすれば、女子は永遠に教育の圏内から除外されるという事になるであろう。

以上のように考へると女子高等教育の問題は独り教育者にのみ課せられた問題ではなく同時に社会

並に家庭の問題でもなければならぬ。しかし教育者の立場としては何処《どこ》までも教育の方針とその効果とによってかかる矛盾を解決し、かかる状態を打破して真の意味の女子高等教育を確立してゆかねばならぬ。そのためにはまず第一に教育者はこの矛盾を自覚して妥協を捨てなければならぬ。時代に適合する人間を養成するのではなく、時代を創造するごとき人間を養成することを目標とすべきである。時代に迎合しかつ後から追随してゆくような主張のない妥協的な教育者の態度がまず改善されなければならぬ。学問の蘊奥《うんのう》を極めることを重要なる目的の一つとして標榜している学校においてすら尚かつままごと遊びに堕するのを見ながら、止むを得ないと考えるごときは自己撞着《じこどうちゃく》も甚《はなは》だしい。また専門教育を唱えながらその実《じつ》専門とは名のみにして、無方針ないわゆる良妻賢母主義教育を施しているのも見うけられる。これらは女子高等教育に携る者の気魄《きはく》の弱さと識見の浅薄さを暴露するものと言われても一言の弁解をなし得るであろうか。この故にこそ男子高等教育に比して女子のそれに携る者の責任と自覚はより大きくより深くなければならぬ。宜《よろ》しく女子高等教育に携る者は正しき認識の上に正しき専門教育を施し、もって生徒をして自己の専門の人類文化における位置と価値とを自覚せしめ、かつそれによって人類の一員として文化に参与し得る権利と義務とを獲得する事を認識せしめ、かつまた人はそれによってのみ人格の向上とよりよき社会の実現を来らしむる事ができるという信念と、自己の仕事への絶えざる精進の精神とを養成する事をもって第一の方針としなければならぬ。次代における女性が女性としての人間性を高揚せしめよき社会人として文化に貢献し得るは、かかる意味における仕事を戦い取ってゆくより他にはないと思う。しかしかかる方針が樹立されたにしてもこれを助ける教師はどうか、そこで……

第二は教師選定の問題である。この事は藤田氏も重要なる問題として最初に掲げられた所で、私も大いに同感に堪えない事であったが、私は氏とは意味を異にしてなおこの事を主張したいと思う。氏は教師の人格の向上「すなわち本来の教師、人の師表として恥しからぬ教師の奉仕的、献身的努力」を期待し、「教師の第一資格はややもすると高潔なる人格に非《あら》ずして専門的知識に限らるゝ」事を嘆《たん》じておられる。しかしこのような人格高き教師が多く求められるとも思えない、そういう人は一校に一人か二人もあれば満足しなければならぬので、私はむしろ教師たる者は教えなければならぬ以上その第一資格はやはり専門的知識に置くべきではないかと思う。もとより知徳兼備するならば理想的であるが、さほど人格的には高潔とまで言われなくとも、平凡なる一市民であるならばまず適当としなければならぬのではないだろうか。ただしこの場合第一に私の要求したのはその専門的知識においていわゆる優れていると噂《うわさ》される人でも、その知識に対してエロス、あるいはフィロソフィヤ（愛智）の精神のもはや消え失せた教師は絶対に教師としての資格がないという事である。これは女子高等教育においてのみ言い得るのではないが女子において特に要求されなければならぬ事である。有名なる大学教授が必ずしもフィロソフィヤの精神を持っている訳でもなく、又著書を沢山出している人が必ずしも自己の学問に対してエロスを有しているとも限らない。然るに生徒をして暗黙のうちに教え、不知不識のうちに深き精進の心を植えつけるものは実にこの教師のフィロソフィヤの精神、エロスの心に他ならぬからである。何を知っているかというよりもむしろいかに知らんとしているかという事が深い感銘を与え、敬虔《けいけん》の念をすら抱かしむるものである事を注意したい。私は女子の専門学校における最も重大なる目的は実にこのごとき精神の涵養《かんよう》ではないかと思う。而して第二に要求したい事は男教師においては最もよい意味のフェミニストである事が必要である事である。伝統的にしか過ぎぬ理由なき女子蔑視の観念を持ちながら、いかにして女子の学的向上心を高めその課《か》せられたる新しき道を切り拓いてゆくだけの強い文化に対する責任の精神を養成する事が出来るであろうか。女子大学あるいは女子専門学校の男教師の多くは女子に対して甚だ甘く、ともすれば自己が学問上の指導的責任の位置にある事を自覚せるや否やを疑わしむる者がある。これは単なる性の相違によるというよりはむしろ男子自身すら意識せぬうちに男性の中にもぐり込んでいる女性の人格への軽蔑か、でなければ全くの無関心によると考えられる。女子高等教育に携る人々は少なくとも、以上二点において教師の選択を誤ってはならない。然るにその集《あつ》むる所は官立大学教授の肩書を有するか、世間的にいわゆる名声ある事を標準としているごとくである。勿論この事は学校当事者として、文部省の意向や社会的体面という方面から考ふるならば同情すべき節《ふし》もあるが、この選択によって教師となった人々が生命なきノートの切り売りや、女性を指導せんとの熱意もなき消極的女性蔑視によって醸《かも》す害毒はその人々の持てるよきものをも窒息させて尚余りあるものではなかろうか。女子高等教育に携る人々が深く思いをここに留めたならば現在のごとき教師選定の方針は一時も早く廃止されなければならぬ。この欠陥を補《おぎな》うためにも私は篤学にして真に女性の学的向上心を刺激するごとき女教師の出現を望んで止まぬ次第である。

以上女子高等教育について簡単に浅見を述べたのであるが、ここに関係する人々に対して失礼の言もあらば平《ひら》に御容赦を乞う。

付録2　ラジオ講演「女子教育における知識の問題について」

近頃、教育界の一般的趨勢《すうせい》といたしまして、労作教育が盛んに注目され、唱導され、さらに一歩を進めて実行されようとしていることは、今までのあまりにも、いわゆる知育偏重に過ぎた教育からの一進歩として、誠に喜ばしい現象と思うのであります。

しかしながら、労作教育が唱導され、実行される半面には、知育がおろそかになり、軽んぜられることがありはしないかが考えられるのであります。ことに男子の教育とは全然その目的を異にしていると考えられている女子普通教育の現状におきましては、現代の反動的時代の潮流と相まって、なおさらに知育が薄くされ、疎んぜられる傾向にありはしないであろうか。この際、女子教育において知育がどのような意味をもつべきかを考えてみることは、あながち無用ではないと思うのでございます。

まず、問題を最も分かりやすくするために、最初はこれを男子の中等学校と女子の中等学校とを比較して考えてみることにしましょう。男子の中等学校におきましては、確かに知育偏重という言葉が言い得られます状態で、この弊害につきましては今まで問題にされてもおりますし、今後なお識者の十分考慮すべき点が実に多いのでございます。しかし、同じ意味で、もし高等女学校にも、知育偏重の弊害ということを言いますならば、これは極めて当を得ないことと思われるのであります。それは極端に申しますならば、アメバーも動物であり、人間も動物であると言ってしまうようなものであります。試みに文部省検定済みの教科書についてこれを見ますならば、この相違がいかに甚だしいか。これは女子教育に携わっておられる方々の等しく感じておられるように、高等女学校の教科書は、いずれの学科の教科書といえども、中学の教科書に比べてはるかに程度の低い、従って初歩的なものに過ぎないのであります。

それは国語をはじめとして、歴史地理のような文科系統の教科書から、科学的知識の素養を主とする動植物、物理化学というふうなものに至るまで、すべての学科にわたっておりますが、特に科学的知識においてその相違が甚だしいように考えられるのであります。さらに語学に至りましては、ごく少数の外国人の経営する女学校の特殊の編纂になるものを除くほかは、全く比べものにならぬくらい甚だしい程度の相違があります。この教科書の相違は、同時に時間割の相違ともなるのでありまして、高等女学校におきましては、総時間において中学校とほとんど等しい時間数の中へ、なお料理、裁縫、家事、作法というような多くの時間を費やす学科を加えるのでありまして、これは高学年に行くに従って増えてゆきます。しかるに中学校はいかがかと申しますに、高学年に行きますと知識的学科が増えて、しかも程度が高くなる傾向にあるのであります。もちろんこれは高等学校等への入学試験準備の必要からでありますが、理由はともあれ、実際に知識程度が高いということは見逃すことはできないのであります。こうした教科書や時間割数の相違から申しますならば、同じ知育と言っても、中学校と高等女学校とは同日の談ではないのでございます。しかも高等女学校の教育そのものの中へはすでに、裁縫、料理等のような労作の要素が多分に入っているのであります。ただ教育者のこれに対する自覚が乏しいために、労作教育として生かすことができず、ただ知識教育と同じ意味でこれを取り扱うために、その効果が著しく減殺され、従って高等女学校の全科が一様にあたかも知育であるかのような感じを抱かしめているにすぎないのであります。現在の高等女学校においてこれ以上労作的時間を多くすることを考えるよりも、むしろすでに与えられたこれらの労作的時間の意味を理解し、その内容と指導態度を問題にすることが、より緊要な事ではないでありましょうか。実際、これ以上高等女学校に労作的時間を増やしても、ただ増やすだけならば依然として無意味であり、かえって知育の低下をきたし、女子の文化に携わる領域がいよいよ狭められるに過ぎないのであります。この事は単に女子の知育が低くなるとか、文化的領域が狭くなるとかいうような単純な女子のみの問題ではなく、やがて国運の隆盛に関する問題であり、国家の将来の文化に関する問題であります。私は現代の教育界において、労作教育の注目せられてきたことに非常な興味を感ずる者でありますが、その知育を軽んずるものではなくて、むしろ知育を補う意味のものでなければならぬと思うのであります。私どもは肉体を養うために毎日食物をとるように、知識は精神への肥料であります。ただその取り扱い方に問題がありますが、何らかの意味の知識なしには、私どもの精神の成長はあり得ないのであります。ましてや我々は一本の草ですら、よい土地に植えて、よい肥料を十分に与えれば、よい花をつけるということを知っております。そういう意味で、私は特に女子普通教育において本格的知識教育の必要を痛感する者であります。特にと申しますには、もとより男子に比べて特にという意味でございますが、これは一般の人には異様に響くかとも思います。現在中学校の学科程度の高いのは、男子はそれぞれ専門に進み、社会に出て文化を負って活動すべきものでありますので、その基礎として高い知識を必要とするからという見解に基づき、女学校の低いのは、主として女子は家庭にあって家事のみをつかさどる者故、ほんの常識的な知識があれば十分である、という理由に基づくものでありましょう。しかしこれは甚だ封建時代的な考え方を一歩も出ないものでありまして、家庭に在るということは、知育の程度が低くてもよいという理由にはいささかもならぬのであります。むしろ家庭にのみ在らねばならぬもの故、もっと知育を高める必要があるとは考えられぬでありましょうか。男子は家庭をもってもなお社会に出て、いろいろな意味で教育される機会が甚だ多い、否、むしろ男子の学校時代に受けた知育は、社会に出て初めて完成されるのであります。従って男子は家庭をもつことによって何ら知育を阻止されることがない、従って知識欲も何ら障害をうけることがないのでありまして、本人の心掛けや仕事の性質によっては、かえって一生知識欲を満足させ、文化にも貢献してゆくことができるのであります。しかるに女子は、一度家庭の人となりますと、現在の日本の家庭生活が非常に煩雑であるため、ほとんど一日中を雑事に追われ、ともすれば、新聞すら読む時のないような人が多いのであります。従って女子が家庭に入れば知育の範囲は著しく狭められ、知識による精神の成長はほとんど止まってしまうといっても過言ではないのであります。専門教育を受けた女子すら、多くがその教育と天分とを家庭の中に死なせているのが現在の状態であります。従って女子が知識を獲得する時期は、ほとんど結婚以前の教育期間よりほかにはないのでありまして、もしこの期間を逸するならば、知識的に向上する機会を生涯失ってしまうということにならざるを得ないのであります。

このような理由によって私は、女子教育における知識の意味は、男子教育におけるそれよりも決して低く考えられてはならないと思うのであります。しかしながら、女子教育に携わっている人は言うでありましょう。「事実、生まれながら女子は男子に比べて知識欲が少ない」と。もっとも私のわずかな経験から申しましても、この事はうなずかれるのであります。普通女学校の三年ぐらいまでは、幾分かの個人的相違はあっても、知識欲の強さと対象においては男女ともあまり甚だしい相違はないようであります。しかし四年ぐらいから、ようやく少数を除くのほかは、知識欲の強さも減じ、女らしい仕事に対する興味が起こるとともに、その対象においても変化を見せてくるようであります。いわば、子供らしい知識欲から、女らしいそれに変化するのであります。この事は言葉をかえて申しますならば、体系的な文化科学、精密な思索や観察を必要とする科学的知識の興味から、断片的な、方便的な、実用的な雑駁《ざっぱく》な興味に移りゆくことを意味するのであります。東京近県の女子師範学校の教師をしている私の友人が、「女の子は代わりに土運びをするといっても授業がなければ喜んでいる」と語っておりました。事実、女の子は一つの文字を覚えるよりも、掃除をしたり料理をしたり、いわゆる労作を喜ぶようであります。確かにこれは女子の天性か、あるいは天性に近いものでありましょう。

現在の教育は多く、かかる女性の性向に迎合しておるのであります。しかしかかる傾向が天性的のものであったにしても、我々はより聡明なる婦人を、より英知的なる女性を、而して全人格として高い女性を求める限り、直ちにこれを肯定することはできないのであります。まして、もし長い間の封建時代の習性からきているとすれば、一日も早くこれを是正する必要がありましょう。ましてなおさら、それが女子が十五、六歳にもなれば、家庭が社会が、周囲のすべてがこれを囲んでその興味をそらし、正しき知識欲をそぐということに少なからぬ原因をもつとしたら、さらになおもって、一般社会の注意を喚起する必要があると思うのであります。現在知識欲が少ないということは、知識の程度をそのゆえに低くあらしめてもよい、という理由にはならぬのであります。極端に言いますならば、この子は馬鹿であるから、馬鹿であってよいということは言えないのであります。むしろ親として、馬鹿ならばなおさらに少しでも馬鹿でなくする方法を講《こう》ずるのが、人情でもあり、正しくもありましょう。なおさらこの馬鹿については、歴史的な、環境的な罪が全社会にあるとしたら、それだけになお、責任をもって賢くなる方法が講ぜられなければならぬのであります。このような立場からも、私は女子において知育の方面を甚だ重要視する次第であります。

しかしなお一般の人は言うでありましょう。家庭人として、ことに母として、最も大切なことは、豊かな愛情であって知識ではない。愛情のみが女性を女性たらしめ、母を母たらしむると。この言葉は私自身、最も同感するところであります。私は一人の母を持っております。私が今日までこのように生きてこられたのは肉体上においてのみならず、精神的にも、全く母の愛によるものと思っております。私がいくらかでも正しいことを考え、大いなるものの前に敬虔なる心を持つことができるならば、これはすべて母の慈愛に負うものであります。私自身顧みて今日まで道を踏みはずさなかったのは、母が私の中に生きていたからであります。主観的に言うことが許されますならば、いかなる人の母といえども、愛情においては私の母に勝りはしないであろうとさえ思うまでに、私は母を信じ、愛し、かつ尊敬しておるのであり、而してこれは年とともに深まるを感ずるのであります。しかしながら、私がもしこれ以上、何らかをこの母に対して要求することができ、また、要求してもよいものであるならば、それは、愛情の豊かさと同じように、知識的にも深い母であったならばということでありま す。知識は女性の将来の天性をそこなうものではなく、かえって豊かにし、深くするものであること は例をあぐるにいとまないほどであります。欠くるところなき女性は知識的に磨かれることによって、 一層その輝きを加えるということができましょう。一般に知識は、私どもの精神から、日常生活から 全く離されて、しかも本箱につめられたまま読まれることもない本のようなものだと考えられていま す。しかしこのような知識は死んだ知識であって、知識すべてはこのようなものだと考えることはで きないのであります。真の知識は人の心の糧となり、人格の基に加わるものであります。いかなる天 分といえども知識によって磨かれることがなかったならば、その真価を発揮することはできないので あります。

また、一般に実際生活に役立つ限りにおいての知識、それは多く技術的知識でありますが、そうし た知識にのみ価値をおく人は、えてして役に立つことをもって教育の本義と考えております。もちろ ん、役に立つということは人間生活にとって必要、かつ便利なことであります。この事は昔から文明 や文化に非常な貢献をしてきたのではありますが、教育の目的は単に人間が役立つことにあるのでも なく、従って知識はただ役に立つことをもって尽きるのでもないのであります。それは「役にたたぬ」 ことに比べて役に立つことがよりよいというのであって、「役に立つ」ことのみが最上の目的であっ てはならぬのであります。これは何に役立つのかと反問してみると明らかになります。役に立つのみならば、機械でも役に立ち、犬でも猫でもそれぞれ役に立ちます．人間が人間であるのは役に立つ、より以上、否、はるか以上のものがあるからであります。文明は「役に立つ」所から出てくるではありましょう。しかし精神生活を代表する文化は単なる役に立つものからは出てこないのであります。否、かえって役に立つものを利用し、生かし、役に立たしめるものは、いわゆる「役に立たぬ」ものなのであります。「役に立つもの」が「真に役に立つ」のは、いわゆる「役に立たぬもの」がもとになっているからであります。これを忘れて、役に立つことのみを目標とし、このような知識のみを価値あるものとするならば、人間の生活はやがて機械の生活に堕落してしまうと極言することができるでありましょう。従って私は女子教育において知識が、いわゆる役に立つという意味においてのみ重んぜられるような傾向があるならば、十分反省せられなければならぬと思うのであります。しかも大きな木を見上げて、人はその木の地上に出た部分のみを仰ぎ、ほめたりするけれど、実際これを支えているのは、広く深く地下に食い込んでいる大いなる根であることに気づかぬような浅薄さと同じことであります。吾々は木が高く太ければ太いほど、根もまた深く太くなければならぬことに思いを至《いた》さねばならぬのであります。

以上のような見地から現代の女子教育における知育の問題を考える時、それがどのような意味をもつべきかがおのずから理解されると思います。滔々たる知識軽視の風潮は、形式的な死せる知識のみの軽視にとどめたいものであります。知育偏重の弊といわれるものは、むしろ知育の方法の誤りにあるのでありまして、知育そのものに弊害があるとは考えられぬのであります。従って今後女子教育における知育の問題は、知的学科を減じて労作学科を増やすというふうな消極的な問題ではなくて、いかにして豊かな、本格的な知育をなすべきであるか、いかにして労作教育をこれに付加して、未来を負う心身共に健やかな女性たらしめることができるかという、ひとえに方法と態度との問題であると思うのであります。世の教育に携わる人々、並びに子女を有せられる一般家庭のご考慮を願うことができますならば幸いでございます。

付録3　書簡

書簡1　昭和十二年二月十四日　西田幾多郎宛（封筒なし）

たびたびお端書《はがき》をありがとうございました。いつも手紙をゆっくり書きたいと思っているのでお返事ができないでいますが、お丈夫でお過しのご様子で嬉しく思っています。前から心配していた伯林《ベルリン》の冬も、今年は特に暖かかったそうではありますが、心配したものでもないということも分り、伯林の生活の見透しもついて来ました。昨年の丁度三月郷里を出たのでやがて一年になりますが、一年たってみないと真実の外国生活の見透しも難しいようです。漸《ようや》く言葉が自由になり、人の気風も分り、地理も自然に頭の中に入ってくるのは矢張りどうしても一年はかかるようです。言葉が分ったら、行ってみたいと思うていた処《ところ》へも、この春から機会ある毎にゆく計画をたてゝいます。三月の末から四月の初めにかけてあるオースターの休みにはワイマールその他の町（イエナ等）並びにチューリンゲンの森を十日許《ばか》り、プロフェッサー・ジーゲルの娘と二人で歩いてくる約束もできました。フィングステンの休みには大体北の方にゆくつもりでいます。夏休みにはマールブルク大学の夏期講習に一カ月間出てみるつもりでいます。ここへはドイツ全国から若い青年男女が集まって皆講習生は寄宿舎に入って夏を過すのだそうですが、そんな青年男女の群に入ることも面白いと思っています。

　さて私はこの三月切りで伯林を引上げて田舎にゆくつもりでいましたが、日本学校でどうしても代わりがないため少なくとももう半年、多くて一年は伯林にいることになりました。ここは、ともするとまだまだ講義の分からない場合があるので、もう一年を本でも自分でよみ乍《なが》ら、耳を馴らすことも将来よりよく勉強できる一つの基礎であると思ったので、それを承諾したことでした。この事は高橋穣《ゆたか》先生とも相談しました。高橋先生は例の南国人的気風の繊細な気持ちから、ドイツ人を一般には好かないようです。六月の初め頃日本につきます。伯林は既に二月の中旬引き揚げてゆかれました。

　西谷啓治氏には何《いず》れお目にかかることと思います。私は先日伯林大学へ願書を出しておきました。何をきくか講義の時間表が発表されないと分かりませんが、ここには大したものもなさそうです。講義には何ら期待をもっていません。それよりも青年学生の間に於ける文化要求というものを見たいと思っています。それは必ずしもナチスの文化政策と一致してはいないようです。案外無名で若いのに面白いのがあるかもしれないとのことです。

　私は今ほとんどドイツの文学もの許りよまされているので、自分の本をよむひまもありません。一週間にシラーやヘッベルとかフライタークとかいった古典や新物の劇を二つ、又クライストとかハンス・グリムとか Kolbenheyer（コルベンハイアー）[16] とかいった新旧ものの小説を二冊も読まされるので、ほとんど毎日追われ追われて生活しています。このクラスはあと二週間ですみますが、おかげで随分早くよめるようになりました。ここで試験をうけて出ると世界各国に通用するドイツ語の免状をくれるそうですが、それは通用しないし、しかも八十マークも受験料をとられるので、私は試験はうけませんが、最後まで通います。日本のドイツ語の辞書が如何に不完全かもここで知りました。とに角ドイツ語としてはこの十カ月よい勉強をしたと思います。四月から私の読むつもりの本はケエルケゴールで、この月全集を買いました。Reden Werke[17]（講話集）も四冊の中二冊まで出ています。羅典語《ラテンご》個人教授の時間も既に約束しました。日本になかなか手紙を書くひまがないので、木津へも一月半も書きませんでした。日本で考えている程ドイツの生活は困ってもいず、又戦争の危険がさし迫っている訳でもありません。……私の感じは日本ほど実質的に貧乏で、文化的にも乏しい国は欧洲の文明国の中では先ずないということです。欧州中の貧乏国のナチスドイツと云えども、この二つにおいてはるかに日本を凌《しの》いでいます。欧州から帰って征韓論を排した明治初期頃の人々と同じ思いが私の中にも溢れています。御大切にして下さい。

二月十日夜

欄外

前に御送りしたヘーゲルのフェノメノロギーは御送りしたあと三週間して定価が六マーク程下がりました。残念なことをしたと思っております。ユーベウックの哲学がほとんど半価になりました。

書簡2　昭和十三年初頭　西田幾多郎宛（封筒なし、途中まで）

御手紙を有難うございました。御手紙の四、五日前に木津からと、百々女木《とどめき》から外さんが召集されたということを知らせて来たので、(18)さぞ御心配のことかと案じていたところでした。名古屋の兵器製造所だというのでは、どれだけ安心かしれません。私の友人の弟もたった一人息子なのに、妻子も勿論あるのですが、胸の病気をした病後に応召して北支《ほくし》にゆき三カ月あまり便りがなかったので、母上はやせて了《しま》はれたという便りをよみました。そこでも北支だから上海よりはどんなによいかといって来ましたと。外さんの名古屋づめはどれだけ感謝すべきことか分かりません。戦争も、いよいよ私どもが伯林で、この事変の始め頃予想していたように、長期戦になったことを残念に思います。併し何といっても今となってはやる所までやらねばなりません。あるドイツ人は、笑いながらドイツは二つの Räuber Staaten（盗賊の国）と仲よくなったといいました。又あるドイツの女は日本は Maul und Krauen Seuch（口蹄疫《こうていえき》）のようだといって笑いました。というのは家畜の病気で、それにかかったら手の施しようもなく見ているより他に仕方のない伝染病だそうです。政府筋だとか党や新聞はちがいますが、インテリは矢張り、そう考えているらしいです。日本の立場を正義化することはなかなかむずかしいことで、これには生存権とか自立権とかより他に立場がありません。普通の道徳観念から説明しようとしたら反って苦しいものがあります。そういう意味で戦後ドイツに来た凡《あら》ゆるものの Um-Weltung（崩壊）が日本にもやがて来ることと思います。

私は元気でいます。十一、十二月の二カ月はほとんど毎日哲学のゼミナールに暮らしました。ここは本が自由に見られ、室の設備もよく（小さな室がいくつもあって一つの室に沢山の人がはいれないようになっている）静かで気持ちがよいのでよく勉強出来ました。Spranger が十二月の初めから大学に出ています。帰って来た当時「日本文化について」という題の公開講演をしましたが千枚刷った入場券が売切れて又印刷し直したり、講堂を変更したりするという程の聴衆でした。講演の内容も、余りにもよく日本のことを言い過ぎていて少々此方《こちら》が気のひけることもありましたが（ナチスの人々や日本の

……）（以下なし）

書簡3　昭和十三年六月二十六日付け　高橋宇良宛

御手紙をありがとう。十日程前に木津の文子から母上の代筆の手紙を落手し返事を書こうと思っていて未だ書かなかったのです。今学期は神風の飛行機が来たり、「足柄」が来たりしたので伯林人は相当気忙《きぜわ》な日を過しました。これがすんだかと思うと学期末で忙しい上に、歯がいたかったりして、ゆっくりした時がありませんでした。漸《ようや》く日本人学校は昨日から夏休みに入りました。大学も月末までに終ります。八月初日に日本人学校が始まりますが、大学は十一月でないと始まりません。七月の十五、六日頃から二週間ばかり南独への旅をして来ようと思っています。小さなかばん一つもって一人でゆくのですから極めて呑気《のんき》です。南独は北独とは全然趣が違っているので、こんな時でもないとゆっくり歩いてみられませんから、団体旅行でゆくと安くていいのですが、よく見れないので思い切って一人でゆくことにしました。泰雄から手紙を貰《もら》いましたよ。(19)当時は雨がふらないかと思って、あたりを見廻したりしたものです。併し泰雄も大人になったものと思いました。泰雄への手紙を同封しましたから渡して下さい。よく勉強しているようで安心しました。ものの見方を正当に、まともに、正しく、大きく考えるように方向づけないと困ると思います。まあ、私がゆく頃には大学でしょう。早いものと思いますね。

母上からいつ帰るという話には困りました。昭和十四年の春でないと帰れません。来年の春、伯林を出て、田舎の大学にゆき、そこへ一年行き、そこからアメリカを廻《めぐ》って帰る予定なのです。しかし金がなければ、そしてロシアからの通過が許可されれば、シベリアを通ることになるかもしれません。アメリカはまた十年もしてから、出られる機会があるかもしれませんから。この一年の長かったことを思うと、あと二年はどんなに長いかとも思いますが、最初の一年だからこんなに長かったことと思います。私も、来たからには、来ただけのことを学んで帰りたいと思っています。官庁からくる人々は、文部省とか鉄道省とかですが、それらの人達は、日本の恥さらしのことばかりしてゆきます。いかにこれがひどいかは御目にかかって話しましょう。男は決して一人で外国へなど出すものではありません。私が娘をもっているとしたら外国へ一人でいって来たような者には決してくれてやりませんね。九十九パーセントまでがそうです。日本では大学又は高等学校の教授といって威張っているような人間のするざまは伯林では見てはいられませんよ。多額の国庫金を費《ついや》して、日本の恥をさらしている。留学生制度には多分の疑問をもっています。

私が帰ったら文部省へ一つ話をするつもりでいます。しかし文部省の役人そのものが、そうした傾向なのですから叶《かな》いません。（以下中略）

六月二十六日　ふみ

宇良様

書簡4　昭和十三年六月二十七日　高橋泰雄宛

貴方の手紙は私を驚かせましたよ。何故なら貴方が私に手紙をくれようなどとは最初の頃こそは思いもしたが、そんなことはこの頃は夢にも期待しなかったことなのだから。それ程貴方の筆無精と怠け心が私にしみ込んでいた訳なのですよ。しかし手紙は、それだけに嬉しく拝見しました。御無事に勉学のご様子で何よりと喜びました。高等学校の感想、御尤《ごもっと》もの事と思います。日本はそういう意味では余りにも世智《せち》からすぎますよ。欧州で一ばんの貧乏国と云われるドイツの生活すら、日本に比べれば実にのびのびしたものです。ここには「生きることの喜び」があります。ことにナチスになってからだといいますが、青年を重んずる政治の方針が非常に社会を明朗にしています。日本では義務教育の延長すらああしたざまではありませんか。日本では青年が軽んじられすぎます。もっともっと日本も教育ということにほんとうの中心を置かないと国家の将来恐るべきものがあると私は思っています。何といっても、ギリシャ、ローマのあの古い文化の流れを蒙《こうむ》っている欧州人の文化と教養とその社会生活において我々の大いに学ぶべきものがありますよ。日本が文化において欧州の水準に追付いているかのごとく、あるいはより以上のごとく宣するいかもの（いかさま）が沢山あります。

ジャーナリストや所謂《いわゆる》愛国者はそうした態度で自己満足をしようとしています。成ほど、科学者のあるものはその水準に達しているものもあるかもしれませんが、それはほんの Spitze（先端）だけで一般人の教養や文化程度は依然として、おき去りにされています。ことに男の人の教養に至っては、日本はまるでゼロですよ。大学のプロフェッサーといっても、遊ぶ時には、匹夫野人《ひっぷやじん》と何らかわる所がありません。実にひどくひんしゅくすべきです。日本の人間は努力する時にはするがいざ遊ぶとなると遊び方をしらない。品のよい、教養ある遊び方をしらないのです。全くもって話にならぬのです。これは三百年の鎖国時代のおかげでしょう。我々はこれを是正するためには少なくとも三百年はかかると思いますよ。一般人の教養の水準をあげることも。

ドイツ語が相当出来るようになりましたか。本でも送りましょうか。注文して来なさい。日本が余りに準戦時を唱《とな》えることは、外国にいると大いに心配なものがあります。大いに平時において余裕をもってこそ戦時に耐えることが出来るので戦争でもないのに準戦時とか何とかいって国民をかることには、大いに反省すべきものがありましょう。ドイツですら人の生活にかくも余裕があり、社会生活がのびのびしているのに、まして日本は何を苦しんであくせくすることがありましょう。軍部も政治家も大いに反省すべきことと思います。それよりも、もっと国民の体育や教養を高めなければ、日本は伸びることが出来ません。戦争ばかりを考えるのは実に Kurzsichtig（近視眼的な）と云わねばなりません。こちらにいるとそんな感じがして、しきりに、日本のことが心配になりますよ。青年がのびないということは要するに国家の将来がのびないということです。

数学の方も相当、度胸も出来、自信も出来たようすなのでうれしく思いましたよ。白石先生の御恩を忘れてはいけませんよ。時に手紙をかきなさい。人間はある程度のことはやればやれるものだという体験をもつことが出来てよかったと思います。私がゆく頃には貴方は大学ですが、どうか将来日本の国を背負って立つにはずかしくない人間になって貰いたい。

私は日本にかえったらドイツのような簡易生活がしたい、千円位出して、ヒュッテのようでもよい、勉強部屋と寝室と台所のある家をつくって、女中なしで、かぎ一つでるすにして歩けるような生活、御飯といえば、中食しかしない。朝はパンと茶、夜もパンと野菜か果物といったもので沢山だ。ドイツ人はほんとうの食事は一度しかしません。それが体にはとてもよろしい。日本人は食べすぎるという感じがしますよ。三度米を食べるなどということはドイツ人には考えられないのです。胃に重くて。しかも日曜日はどんな人でも郊外に出て、家族づれや夫婦揃いの散歩で郊外は一杯です。伯林の郊外は一寸日本では見られないような、どこへいっても美しい。美しい設備が出来ています。私は今からその郊外へ散歩にゆきます。ドイツの女の友人と。

六月二十七日　朝　　ふみ

泰雄様

（16）Erwin Guido Kolbenheyer(1878-1962)は、ドイツの作家、思想家。ブダペスト生まれ。ウィーン大学で哲学、自然科学、心理学を学ぶ。戯曲『ジョルダーノ・ブルーノ』（1903）、スピノザを主人公とする長編小説『神を愛す』（1908）、小説三部作『パラケルスス』（1917-26）など、ナチス時代の代表的な作家とされた。

（17）Reden Werke（講話集）は、キルケゴール「建徳的講話」の独訳四巻（Kierkegaard, S. A. Erbauliche Reden, über von Wilhelm Kütemeyer und Christoph Schrempf. Jena, Eugen Diderich, 4vols.）だと思われる。この四巻本は東京女子大学附属図書館「高橋ふみ文庫」が所蔵している。

（18）百々女木（とどめき）とは、姉の宇良が当時住んでいた金沢市内の地名。外さんとは、西田の次男外彦（そとひこ）のこと。

（19）高橋泰雄は姉宇良の長男。

高橋ふみ　略年譜

＊原籍：石川県河北郡七塚村字木津ホ十二番地
父由太郎、母すみの次女、姉宇良、兄佐五郎、妹たみ、弟七郎、妹とも

明治三十四年（一九〇一）〇歳　七月二十六日誕生

明治四十一年（一九〇八）七歳
四月　七塚尋常高等小学校尋常科入学

大正三年（一九一四）十三歳
三月　七塚尋常高等小学校尋常科卒業
四月　石川県立第一高等女学校入学

大正七年（一九一八）十七歳
三月　石川県立第一高等女学校卒業

大正九年（一九二〇）十九歳
四月　東京女子大学高等学部入学

大正十一年（一九二二）二十一歳
七月「チェホフに就いて」（『東京女子大学学友会雑誌』第2号）

大正十二年（一九二三）二十二歳
三月　東京女子大学高等学部卒業
四月　東京女子大学大学部人文学科入学
十一月「近時雑感」（『東京女子大学学友会雑誌』第3号）

大正十三年（一九二四）二十三歳
四月　東京女子大学大学部哲学科編入学

大正十四年（一九二五）二十四歳
三月　東京女子大学大学部哲学科卒業（卒業論文）「プラトンのイデアに就いて——パイドンを中心とした る」

大正十五年（一九二六）二十五歳
四月　東北帝国大学法文学部文学科入学

昭和四年（一九二九）二十八歳
三月　東北帝国大学法文学部文学科（哲学専攻）卒業
四月　宮城県立女子師範学校嘱託講師（英語、哲学）

昭和五年（一九三〇）二十九歳
八月「Cohen の体系的美學より見たるチェホフの『伯父ワーニャ』」（『小さき芽』）

昭和六年（一九三一）三十歳

三月　宮城県立女子師範学校嘱託講師辞職

四月　自由学園教師（国語）、女子経済専門学校講師（倫理学、哲学、論理学）

昭和七年（一九三二）三十一歳

四月『婦人之友』座談会「現代学生の事実と批判」出席

昭和八年（一九三三）三十二歳

三月『婦人之友』座談会「男女共学実行可能の理論と方法」出席

三月　提案者：松本亦太郎、藤田たき、シンポジスト：河合道子、高橋ふみ、大島正徳、菅支那子、槇山榮二「女子高等教育の問題シンポジウム」『岩波講座　教育科学』第18巻所収（高橋ふみの発題は三四―三九頁）

十一月『婦人之友』座談会「家族会議の夕」出席。この頃、「女性文学士の会」、「東北帝国大学哲学会」で積極的に活動

昭和九年（一九三四）三十三歳

十一月「スピノザに於ける個物の認識に就て」（東北帝国大学文科会編『文化』岩波書店、第1巻五号）

昭和十年（一九三五）三十四歳

三月「一つの釈明」（『東京女子大学同窓会月報』）

昭和十一年（一九三六）三十五歳

一月　ラジオ講演「女子教育における知識の問題について」（六日）

一月　東北帝国大学哲学会渡欧送別会（二日）

三月「女子教育に於ける知識の問題について」（『東京女子大学同窓会月報』）

三月　自由学園、経済専門学校辞任

三月　箱崎丸で横浜からドイツ留学に出発（二十九日）

五月　ベルリン大学の外国人ドイツ語講座で学び始める（十九日より）

七月　時事通信在ベルリン特派員としてベルリンオリンピックの記事を書き始める

十一月　ベルリン大学で哲学並びにドイツ文学専攻

昭和十二年（一九三七）三十六歳

三月　外国人ドイツ語講座修了（二十日）

十月　「伯林から」（『東京女子大学同窓会月報』）

昭和十三年（一九三八）三十七歳

四月　フライブルグ大学哲学専攻並びにドイツ文学専攻で学び始める

六月　土居光知「藤村の若菜集」独訳（『日本』第四巻二号）Wakanashû von Toson, Von Professor M. Doi, Übersetzt von Fumi Takahashi, NIPPON, 4, Jahrgang, Heft 2, 1938.

十一月　この頃から「フライブルグ通信」を『東京女子大学同窓会月報』に連載（昭和十六年までに六回連載

昭和十四年（一九三九）三十八歳

六月　土居光知「藤村の若葉集」独訳（『日本』第５巻二号）Manyô-shû, Von Professor M. Doi, Übersetzt von Fumi Takahashi, NIPPON, 5, Jahrgang, Heft 2,1939.

八月　ドイツ国家試験に合格（ベタゴーギッシュディブローム取得）（十七日）、西田幾多郎『哲学の根本問題　続編（弁証法的世界）』の「三、形而上学的立場から見た古今東西の文化形態」の独訳を「プロイセン科学アカデミー」から刊行（Übersetzt von Dr. F. Takahashi, Durchgesehen von Prof. Dr. O.Kreßler, Die morgenländischen und abendländischen Kultur Formen in alter Zeit vom metaphysischen Standpunkte aus gesehen, Abhandlungen der Preußischen Akademie der Wissenschaften, Jahrgang 1939, Philosophisch-Historische Klasse, Nr. 19.）

十一月　結核と戦争激化のため引き揚げ船・靖國丸で帰国

十二月　東北帝国大学哲学会で帰国報告

昭和十五年（一九四〇）三十九歳

西田幾多郎『芸術と道徳』の「真善美の合一点」の独訳を仙台の「国際文化協会」から刊行（Die Einheit des Wahren, des Schönen und des Guten, in: Journal of the Sendai International Society, Sendai. von Prof. Dr. Kitaro Nishida, Reprinted from the

Jounal of the Sendai International Cultural Society.)

昭和十六年（一九四一）四十歳

五月　「続フライブルク通信」を書き始め、以後五回『東京女子大学同窓会月報』に寄稿

十二月　西田『日本文化の問題』と「人間的存在」（『哲学論文集第三』所収）をテキストに、郷里の人々に西田哲学を講義

昭和十七年（一九四二）四十一歳

六月　石川県立第一高等女学校で講演

昭和十八年（一九四三）四十二歳

四月　東京女子大学講師（「倫理学演習」）

五月　東京女子大学創立二十五周年記念式典にて講演

昭和二十年（一九四五）四十四歳

三月末　兄弟七郎、佐五郎に付き添われて再帰郷

六月　西田幾多郎、鎌倉にて逝去（七日）

高橋ふみ、木津の実家にて逝去（二十一日、享年四十三歳）

【参考・引用文献・記事】

＊高橋ふみ自身の著述、翻訳等については「略年譜」に記しています。

【書籍】

浅見洋『高橋文の「フライブルク通信」』北國新聞社出版局（一九九五）
浅見洋『未完の女性哲学者　高橋ふみ』石川県七塚町（一九九七）
浅見洋『未完の女性哲学者　高橋ふみ資料集』宇ノ気町・七塚町教育委員会（一九九七）
浅見洋『思想のレクイエム――加賀・能登が生んだ哲学者15人の軌跡』春風社（二〇〇六）
綱野義夫『日本海の謎』筑地書館（一九七五）
上田久『西田幾多郎の妻』南窓社（一九八六）
太田育子『句集　続ふるさと』書林三余社（一九七六）
桑木務『大戦下の欧州留学生活：ある日独交換学生の回想』中公新書（一九八一）
『加能女人系（下）』北國新聞社編集局（一九七三）
『七塚町史』七塚町役場（一九七六）
『七塚小学校創立百周年記念集』七塚小学校（一九七三）
『創立十五年回想録』東京女子大学（一九三三）
『東北大学法文学部略史』略史編纂委員会（一九五三）
『加能女人系（下）』北國新聞社編集局（一九七三）

【全集】

『青山なを著作集』慶応通信
『西田幾多郎全集』岩波書店
『西谷啓治著作集』創文社
『芥川龍之介全集』岩波書店

【雑誌・新聞】

『学園新聞』（自由学園）
『東京女子大学同窓会月報』
『東京女子大学学友会雑誌』
『東北帝国大学法文時報』
『婦人之友』
『済美会誌』（石川第一高等女学校同窓会）
『女子経済専門学校同窓会誌』

『小さき芽』
『北國新聞』
『時事新報』
『文化』（東北帝国大学文科会）

【研究論文・研究報告・資料】

平尾昌宏「スピノザ三種認識の機能をめぐって──高橋ふみのスピノザ論を読む」『点から線へ』35号、（一九九八）

湯川次義「大正期における女性への大学の門戸開放──大正二年（一九一三）の東北帝国大学の事例とその後の展開一」『教育学研究』61巻2号（一九九四）一二九─一三八頁

永田英明「東北帝国大学における女子学生・女性研究者」『東北大学資料館紀要』第9号（二〇一四）

浅見洋「東京女子大学附属図書館所蔵　高橋ふみ記念文庫目録」七塚町教育委員会（一九九五）

「高橋ふみ研究報告」高橋ふみ・ふるさとの会（七塚町）（二〇〇二）全一三〇頁

「『高橋ふみ生涯展』備忘録」七塚町教育委員会（一九九七）

【資料提供機関・個人名（敬称略）】

国立国会図書館、東北大学付属図書館、東北大学記念資料館、宮城教育大学付属図書館、宮城県立図書館、仙台市立図書館、東京女子大学付属図書館、東京女子大学資料室、東京女子大学同窓会、自由学園付属図書館、自由学園同窓会、東京文化学園、東京文化短期大学付属図書館、石川工業高等専門学校付属図書館、金沢大学付属図書館、朝日新聞社、産経新聞社、北國新聞社、毎日新聞社、婦人之友社、川喜多記念映画文化財団、石川県立第一高等女学校同窓会（済美会）、石川県西田幾多郎記念哲学館、かほく市立中央図書館、日本ドイツ文化センター、ハイデッガー・アルヒーフ、フンボルト大学日本学研究所図書館、フライブルク大学中央図書館、太田明生、高橋正治、高橋松子、田中健一、磯部規、早川迪子、加藤綾子、八代佐知子、渡辺栄子、林広子、能崎貞子、慶松幾多子、猪谷一雄、野辺地東洋、高橋來、小川清子、金谷五三二、南平吉、竹内愛子、紺野冨美代、一柳やすか、梶井幸代、塚本傳榮、大堀聰

あとがき

四半世紀も前のことになりますが、旧西田記念館の二階で資料を整理中に、何気なく保管庫の扉を開きました。その奥に結婚式で引き出物を包む時によく使われる薄紅色の風呂敷包みが一つありました。薄暗い、殺風景な資料室の中でひときわ鮮やかなこの風呂敷包みが、それまでなぜ心を引くことがなかったのかと不思議に思いながら結び目を解きました。これが私とふみとの初めての出会いです。

風呂敷包みの中には、高橋ふみが留学先のドイツから伯父西田幾多郎に宛てた二通の封筒のない手紙、西田の論文のドイツ語訳別刷り、独文の講演原稿、渡航日記等とともに、手書きの「続フライブルク通信」がありました。その手書き原稿は、四〇〇字詰めの原稿用紙で一〇九枚、判読できない文字もいくつかありましたが、最後までほぼ一気に読み通すことができました。それは、ふみが胸の病と迫り来る戦禍のために心ならずもドイツから帰国し、郷里木津（現在のかほく市木津）で療養しながら書いた、故郷からのドイツ滞在報告でした。

ふみはこの通信を母校東京女子大学の同窓生たちに宛て、すでに滞独中に『同窓会月報』に寄稿した「フライブルク通信」の続きとして書き送りました。東京女子大学哲学科の第一回卒業生、同校からの最初の帝国大学卒業生（東北帝国大学）であった彼女は、将来の女子教育を担う人材として期待されてドイツに留学しました。志半ばで帰国した彼女はどのような思いで日本海沿岸の一寒村からのドイツ滞在報告を綴《つづ》ったのでしょうか。これが書かれた一九四一年五月はドイツが対ソ戦を、日本が太平洋戦争を開始した年であり、前途への暗い予感と病気からの快復という希望を交錯させながら「続フライブルク通信」は書かれたのでしょう。

翌年、一時的に快復したふみは上京し、東京女子大学で倫理学を講じ、いくつかの講演をなしました。しかし、そうした希望に満ちた輝かしさは瞬時であって、東京空襲の激化の中、胸の病が再発し、兄弟に付き添われて再帰郷した彼女は一九四五年六月二十三日、四十三歳の若さで世を去りました。伯父西田が鎌倉で息を引き取った二週間後であり、哲学者としても教育者としても未完のままでした。

「フライブルク通信」「続フライブルク通信」などを編んだ『高橋文のフライブルク通信』（北國新聞社）と『東京女子大学附属図書館所蔵　高橋ふみ記念文庫目録』を刊行したのは、ふみ没後五十周年の一九九五年のことでした。その後、旧七塚町では七塚町の教育委員会、有志の方々がふみの顕彰事業や読書会を熱心に展開してくださいました。またこの頃、旧七塚町の広報に毎月、ゆかりの人々がふみに関する文章を掲載してくださいました。特に後半はふみのベルリン日本人学校の生徒だった方々が回想を寄せて下さいました。

また、一九九七年八月二十二日～二六日、旧七塚町生涯学習センター（ふれあい館）で「高橋ふみ展」（旧七塚町教育委員会・町民運動推進本部主催）が開催され、収集されたふみの資料、遺品に加えて写真パネル、ビデオ等が展示されました。四〇〇人を超える来場者（記帳者二九四人）が全国から足を運んで下さいました。『未完の女性哲学者　高橋ふみ資料集』（宇ノ気町教育委員会、七塚町教育委員会）と『未完の女性哲学者　高橋ふみ』（七塚町）は「高橋ふみ展」の前後に公刊しました。後者は旧七塚町から七塚中学校の生徒たちに無償配布されました。

当時の七塚町の婦人の方々は「高橋ふみ　ふるさとの会」を結成され、読書会を開催し、子ども向けに紙芝居を作って上演されるなど、熱心にふみを紹介して下さいました。また、ふみゆかりの方々からの聞き取り調査や講演会などの記録をまとめて「高橋ふみ研究報告」を出されました。そうした活動は地域の人物辞典、テレビ、新聞でも取り上げられるようになり、高橋ふみという名前は石川県内ではかなり周知されたと思います。また、国立女性会館女性教育情報センターのテーマ展示「女性研究者というキャリア」（二〇〇六年七月―九月）が開催された際、『未完の女性哲学者　高橋ふみ』が展示に含まれたことは本当にうれしい出来事でした。

最近も、時々高橋ふみに関する講演依頼や執筆依頼があり、書籍に関する問い合わせもあります。しかし、『高橋文の「フライブルク通信」』『未完の女性哲学者　高橋ふみ』はすでに品切れになってしまいました。そのことと私自身の大学定年が、新たに本書を刊行しようと思い立った直接の動機です。

『高橋文の「フライブルク通信」』を刊行して間もなく、当時北國新聞社の河北支社に勤めておられ、熱心にふみについて調査しておられた風間ゆり子さん（旧姓北中、一九九六年東京女子大学卒）が東京女子大学「學報」（一九九八年一月）に次のように書いて下さいました。

能登半島の小さな町に生まれた一女性のスケールの大きさと夢を実現させるパワーに、圧倒されると共に憧れを抱いている。短い人生の中で、世の中の喧《けん》そうにとらわれず我が道を追求できたのはなぜか。私は、同じ学舎を後にした後輩として「おふみさんに続け」と自分に言い聞かせている。

読者の中には風間さんのように、ふみの生き方から何らかの示唆を受ける人がおられるかもしれない、それが本書刊行に込めた小さな期待です。

刊行にあたってご助力いただいた方々、特に「資料提供機関・個人名」で名前を記した方々に感謝いたします。また、十年にわたって小さな者の仕事をサポートして下さった寺井美由紀さん、前著の編集者であった田中智子さん、そして家族、石川県立看護大学、石川県西田幾多郎記念哲学館の同僚、「高橋ふみ　ふるさとの会」の方々など、多くの方々のご助力に感謝します。

最後に厳しい出版事情の中で、本書の出版をご快諾いただいたポラーノ出版の鋤柄禎氏に御礼を申し上げます。御社が心ある書き手たちの「ポラーノ広場」となるようにと心からお祈りします。

■著者：浅見 洋　ASAMI HIROSHI
昭和 26 年石川県能登町生まれ。金沢大学大学院文学研究科哲学専攻修了、博士（文学、筑波大学）。現在、石川県立看護大学教授、石川県西田幾多郎記念哲学館館長などを務める。主な著書に『西田幾多郎とキリスト教の対話』（朝文社）、『西田幾多郎——生命と宗教に深まりゆく思索』（春風社）、『思想のレクイエム——加賀・能登が生んだ哲学者 15 人の軌跡』（春風社）、『二人称の死——西田・大拙・西谷の思想をめぐって』（春風社）　などがある。

装幀：宮部浩司
カバー写真（表）：ベルリンの下宿でたたずむ高橋ふみ
カバー写真（裏）：「蝸牛の殻」（「続フライブルク通信」）の原稿
（いずれも石川県西田幾多郎記念哲学館所蔵）

西田幾多郎の姪　高橋ふみの生涯と思想
おふみさんに続け！　女性哲学者のフロンティア

2017 年 3 月 30 日　初版第 1 刷発行
著　者　浅見　洋
発行者　鋤柄　禎
発行所　ポラーノ出版
〒 195-0061
東京都町田市鶴川 2-11-4-301
mail@polanopublishing.com
Tel 042-860-2075　Fax 042-860-2029
印　刷　モリモト印刷

落丁本、乱丁本は小社までお送りください。送料小社負担にてお取り替えいたします／定価はカバーに記載されています。

Printed in Japan　ISBN978-4-908765-08-7　C0023